AF591168

MÉMOIRES

DU

Comte de Montblas.

27
Ln 14585

IMPRIMERIE DE DUCESSOIS,
Quai des Augustins, n° 55.

MÉMOIRES

DU COMTE

DE MONTBLAS

EXTRAITS DE SON MANUSCRIT

ET PUBLIÉS

PAR J. S. QUESNÉ.

Paris,

CHEZ J. S. QUESNÉ, ÉDITEUR,

RUE NOTRE-DAME-DES-CHAMPS, 1.

1830

Avis de l'Editeur.

Mes *Confessions* * voyaient le jour depuis trois mois. Un personnage qui les avait lues m'honora de sa visite, et daigna m'accorder des éloges que,

* Deux volumes in-8°.

sans trop de modestie, je ne crois pas mériter, encore que le public m'ait témoigné sa bienveillance accoutumée. C'était un homme grand, bien fait, dont l'air de majesté, sous les cheveux blancs, imprimait le respect. Il tenait à la main un manuscrit volumineux. « Voyez, me dit-il, si l'on peut réduire ce fatras à quelques lignes susceptibles de captiver l'attention d'un lecteur de goût. Mes tribulations seront peut-être un passeport pour en faire supporter le récit. Le public est aujourd'hui saturé de livres. La lecture des journaux quotidiens prend sur son temps des heures que jadis il consacrait aux nouveautés. Il fuit d'ordinaire les longs ouvrages, à moins que l'intérêt n'y soit porté à un degré prodigieux. Faites donc le mien très-court, afin qu'il ne puisse recéler l'ennui dans ses entrailles, et que l'on soit dans le cas de répéter l'ancien adage : *Les plus courtes folies sont les meilleures.* »

Que devais-je faire? promettre? Oui. Qui s'engage doit tenir; la probité le commande, et c'est à son empire que je me soumets. Pardonnez-moi, lecteurs, si j'ai mal rencontré l'objet de vos vœux dans celui de mes recherches.

MÉMOIRES

DU COMTE

DE MONTBLAS.

Et je vis encore !.... Chassé de mon domicile par des furieux que l'ivresse égare, je gagne avec peine celui d'un ami. Quel temps affreux! l'amitié tremble. Il faut quitter son toit. La hache du crime, l'instrument des forfaits, méconnaît le dévouement. Plutôt que d'exposer une seule victime à l'échafaud, partons.

Où irai-je? puis-je, sans le plus grand péril, abandonner ma retraite? Mille regards sont prêts à se fixer sur moi. Des nuées d'espions vont m'envelopper de leur ombre, jusqu'à ce que leur main d'opprobre me jette dans les fers. Dois-je compter les heures dans cette horrible attente? Non, non; la vie est trop amère à ce prix. Partons, partons, n'importe de quel côté.

J'avais un passeport obtenu sous un faux nom, que l'or avait payé. Ma taille gigantesque, cinq pieds dix pouces, m'aurait pu faire aisément reconnaître, sans un déguisement pris dans la garde-robe d'un Auvergnat, fidèle aux mœurs de son pays, dont la probité est le premier soutien.

Je sors de Paris, de cette cité célèbre, siége de l'honneur, et si fertile en grands crimes. Il était tard. Je passe la barrière d'Enfer. Deux hommes qui me suivent prennent soudain les devants et reviennent à ma rencontre, en m'observant avec le plus grand soin. Je prononce fortement un juron d'Auvergne, et j'entends dire derrière moi : « Non, ce n'est pas lui. »

A l'abri de ce côté, je demeure un moment indécis sur la route que je dois tenir; celle d'Orléans flattait mon espoir d'aller prendre un refuge chez un parent. Mais quoi! l'exposer peut-être.... Orléans, ville populeuse, où les nobles ont tant à redouter les recherches! Ce n'est pas à ses habitans qu'il faut confier sa sécurité; marchons vers Fontainebleau.

J'arrive à Essone avant le jour. J'entre dans une auberge, dont j'eus beaucoup de peine à me faire ouvrir la porte. On me prit au mot sur la foi de mon costume, c'est-à-dire qu'au lieu de me donner un lit, on m'envoya dans la grange reposer à ma guise sur les bottes de paille, en exprimant toutefois le regret qu'il n'y eût pas au logis le plus petit lit vacant pour ma très-grande personne.

Ce n'était guère le moment de paraître difficile; aussi pris-je le parti d'enfoncer mon chapeau, de suivre mon guide, qui, de temps en temps, tournait sa lanterne vers mon bâton noueux, en mesurant ma taille avec surprise. « Brave homme, me dit-il en ouvrant la grange,

» étendez-vous dans ces draps ; ils ne sont pas » des plus fins ; mais, quand on est las, on les » prendrait pour de la soie. En attendant votre » réveil, je vas abreuver mes chevaux. Bonsoir » ou bonjour, comme vous voudrez. » Et il me laissa dans la douleur d'avoir les reins brisés sur ma nouvelle couche.

Je m'abandonnais aux réflexions les plus tristes, à ma chère Angélica, que je n'avais pu prévenir de ma fuite, quand tout à coup une jolie voix de femme prononce doucement ces mots : « Pierre, dormez-vous? » Une main s'avance dans l'obscurité, saisit mon oreille : « Pierre, mon bon ami Pierre, réveillez-vous donc ; le coq a chanté trois fois. » Comme la main qui me tirait l'oreille me semblait, par son poids et son volume, fort peu d'accord avec le petit filet de voix argentine dont le timbre allait au cœur, je m'écriai presque malgré moi : « Diablesse ! finirez-vous bientôt? » Miséricorde! je suis perdue ! » reprit la voix d'un ton rauque, sur les basses cordes. Et je l'entendis, non sans rire de sa méprise, enjamber les bottes, s'y rouler par trop de précipitation, et dire encore aux ténèbres. « Mon Dieu! j'ai perdu mon soulier. »

Le sommeil, dans mon agitation, semblait n'approcher qu'à regret de mes paupières; et le soleil, pressant ses rayons par une ouverture, vint frapper sur mes yeux et m'inonder d'un déluge de lumière. Alors je me levai, je secouai mes habits, en m'efforçant de dissiper ce léger frisson qui saisit le corps quand on s'est levé tout vêtu. Pierre, s'adressant à moi, me demanda comment j'avais passé la nuit. Sur de la soie, lui dis-je en souriant. Pierre, à cette réponse, jeta un coup-d'œil rapide et moqueur sur la servante, jeune fille, ronde, courte, joufflue, très-haute en couleur, dont le visage devint tout en feu, dans l'impossibilité de soutenir en ma présence les regards du valet.

Bien que l'on ait mal dormi, l'estomac n'en est souvent pas moins exigeant. L'appétit m'aiguillonnait. Un petit pain, du fromage, et une poire avec un carafon de vin du crû, me furent offerts, pour l'apaiser, par la main pesante qui m'avait tiré l'oreille. L'usage des cosmétiques est peu connu dans Essone. Ce n'est pas que le savon de Marseille y soit plus rare qu'ailleurs, mais on y fuit l'odeur des essences presqu'à l'égal de la contagion, vu son extrême influence sur le système nerveux, qui, dit-on, est fort irritable chez les filles d'auberge.

Après un frugal repas, on a la tête libre et les pieds disposés à la marche. Je suis ma route vers Fontainebleau. J'y arrive en six heures sans trop de hâte. J'aperçois avec inquiétude plusieurs gendarmes le long de la forêt. Leur maintien a quelque chose de sombre, de sinistre; on sent que leurs soins ne sont pas tous dirigés à la recherche des voleurs. Ah! me dis-je tout bas, échapperai-je à de si vigilantes prunelles?

Deux de ces messieurs croisent mon chemin, et de ce ton courtois qui les distingue : « Ton passeport?

— Le voici.

— Il est suranné.

— Du tout; ne sommes nous pas en 93, je me trompe, en l'an II?

— Tu as raison, marche. »

Et je marche vers l'auberge. On allait se mettre à table. Dix voyageurs composaient la société. J'eus peur de ce grand nombre de visages. Je pensai qu'il était prudent de m'en écarter. Je fis, dans cette vue, quelques dispositions autour d'une petite table, placée au coin du feu de la cuisine. L'hôtesse, que je paraissais gêner dans ses mouvemens, me dit d'un ton à se faire obéir que je serais mieux ailleurs que là. Je compris cette manière laconique de s'exprimer; mais enfin, voulant dîner, je fus bien contraint d'entrer dans la salle et de prendre un siége à côté des voyageurs.

Tout aussitôt ceux-ci se pressent les uns contre les autres, me font une large place, bien moins par politesse que par un sentiment pénible inspiré par ma mise un peu trop montagnarde. L'un me regarde avec compassion, l'autre compose son visage, agrandit sa bouche, en rapproche le menton, et m'offre en perspective le signe du plus parfait dédain; c'était un petit marchand parfumeur, qui vantait beaucoup les avantages du commerce. Celui-ci penchait la tête sur l'épaule droite en daignant abaisser ses yeux de mon côté, à la façon d'un protecteur. Celui-là m'envisage avec un sourire de pitié mêlé d'un secret déplaisir qui semble dire : Pourquoi laisse-t-on se glisser un pareil homme au milieu d'honnêtes gens?

J'étais modeste, craintif, j'occupais peu de place, malgré ma corpulence; car il est, comme on sait, dans le cours des siècles de cruelles époques où la sagesse veut que l'on se fasse très-petit. Les hôtes se comblaient d'honnêtetés, s'offraient mutuellement tous les mets. Quant à moi j'étais complétement oublié, comme ces êtres inconnus, aux manières rudes et sauvages, qui blessent la délicatesse des personnes bien apprises. De sorte que, pour répondre aux désirs peu modérés de mon estomac, j'usais fréquemment de la longueur de mes bras, sans prier mon voisin d'y suppléer.

Au milieu du dîner, un officier de gendarmerie dont le couvert était préparé se présente à nous, entre sans saluer, s'assied, déplie sa serviette, cite deux ou trois passages effroyables de *l'Ami du peuple* et du *Père Duchêne*, avec un éloge sans mesure de leurs auteurs, le républicain Marat et le patriote Hébert; deux hommes, ajouta-t-il en se penchant sur son assiette, que la postérité placera au firmament, à côté des Pleïades, et cela, parce que, vengeurs de l'humanité outragée par la tyrannie, ils étaient la terreur des émigrés et de tous les *ci-devant* nobles.

Le discours de l'officier eut de l'écho par tous les bouts de la table. Il m'aperçoit quand j'ouvrais le ventre d'un pigeon, qui, pour la dixième fois, je crois, reparaissait sur un long plat. Il se redresse et se renverse sur sa chaise, m'examinant à diverses reprises. Je feins de ne pas le remarquer. Le repas fini, ce militaire vient à moi « : Est-ce que tu es de l'Auvergne? me dit-il en dardant ses noires pupilles dans l'orbite de mes yeux.

— Oui, citoyen.

— De quel endroit?

— De Chinflour.

— De Saint-Flour? Il y a beaucoup de chaudronniers dans ce pays-là.

— Vous l'avez dit.

— Comment! je l'ai dit; est-ce que ce n'est pas la vérité? Tu voyages avec un passeport?

— Vous savez bien, citoyen, qu'on ne marche pas sans cela.

— Montre-le moi.

— Il est dans mon portefeuille. Tenez, lisez.

— Voyons, découvre un peu ton front. Mais il me semble que tu as les cheveux plutôt noirs que châtains. Ton front n'est pas très-élevé; tu n'as point non plus le menton précisément rond, et ton visage est assez loin de l'ovale.

— Que voulez-vous? Les passeports s'écrivent si vite, qu'il est bien difficile de les faire parfaits.

— J'ai envie de t'arrêter, et de te conduire à la commune.

— Si cela peut vous être agréable, je vas vous suivre; mais vous allez retarder un pauvre diable qui n'a pas de temps à perdre, et deux heures pour d'autres sont des semaines pour lui.

— Es-tu bon républicain?

— Pouvez-vous en douter? Après votre éloge d'Hébert et de Marat, le plus chaud royaliste n'aurait-il pas été converti?

— Tu me parais un assez bon sujet, va-t-en.» Et je ne me le fis pas répéter.

Ayant pris une patache jusqu'à Nemours, j'eus le temps durant quatre lieues de suivre le cours de mes réflexions. Angélica, Angélica, ma chère fille, à seize ans, seule dans Paris, sans appui, que vas-tu devenir? Fraîche comme l'aurore, plus jolie que la fleur du matin, douce comme la manne du désert, ton cœur innocent est l'asile des vertus, et l'éloge de tes charmes ne saurait tarir dans la bouche d'un père idolâtre.

Infortunée! le calice d'amertume va s'offrir à tes lèvres aux portes de la vie. Je le vois déjà porté par des mains criminelles, trempées dans le sang des martyrs de la religion, des mœurs et de la probité. Quelle âme secourable, dans ce gouffre d'horreurs, osera te montrer un seul point de sécurité? Sécurité, quel mot! Ah! bourreaux, vous l'avez effacé du dictionnaire des langues. Est-il en France un village, un seul hameau, une seule chaumière où la vertu soit à l'abri de vos recherches? En quel lieu reposer sa tête quand votre faux va moissonnant jusqu'aux derniers villageois qui déposent en secret la pierre où l'on essaie d'endormir ses maux? Misérables! et le soleil éclaire tant de forfaits! et les carreaux de la foudre sont muets! et le Dieu des bons permet à sa vengeance de sommeiller encore!... Patience! patience, monstres, le réveil sera terrible. Entendez-vous les cris qui vont précéder votre jugement? Tu pâlis, satellite de l'enfer! Va dans l'abîme mesurer la chaîne des tourmens que l'éternité réserve aux êtres féroces, dont le palais ne goûta de plaisir qu'en se désaltérant à la coupe du sang humain.

Ma tête s'exaltait. En portant la main à mon front, je le sentis mouillé. Le cœur me battait comme si j'eusse été en présence du plus imminent péril. La langueur suivit cet état, et je me surpris dans un abattement voisin de la défaillance en touchant le pont de Nemours.

Je voulus me rendre le soir même à Montargis. J'espérais y rencontrer une ancienne amie de ma femme, madame de Rivard, dont plus d'une fois j'ai senti les bontés. En cheminant avec lenteur, j'allais passer à pied sous la geôle au moment où un homme, qui me suivait depuis dix minutes, m'aborda pour me remettre un billet avec ces mots, à voix basse : « Lisez promptement, monsieur, cet écrit, qui pour vous est du plus grand intérêt. » Je préparais ma réponse, mais déjà l'inconnu s'éclipsait dans une rue conduisant au marché.

J'avance jusqu'à la Porte-aux-Moines ; et là, sûr de n'être point observé, je longe la rivière à droite, j'ouvre avec empressement le billet tracé par une main dont les traits manifestent la plus délicate obligeance.

« Gardez-vous bien de rester en ville. Manuel » y est tout puissant par son comité de surveil-

» lance. Il le gouverne avec une volonté d'airain.
» Tout fléchit sous ses ordres. On doit faire
» cette nuit même des visites domiciliaires
» dans un grand nombre de maisons suspectes.
» Votre passeport vous sauverait difficilement.
» Tournez vos pas vers le faubourg de la
» Conception, vous verrez une montée qui
» vous mènera droit au château. Les outrages
» du temps et les démolitions l'ont mis en ruine.
» Vous serez là comme au désert. Vous trou-
» verez, dans un coin de la grande salle, un lit
» de sangle tout dressé, un pâté, avec une
» bouteille de vin et des biscuits. Ne cherchez
» point à me connaître; je fais le bien quand
» je le puis. Dormez, et partez demain au
» crépuscule. »

A cette lecture, je tombe un moment dans l'hésitation. Je me demande si le billet n'est point un piége dressé par des mains habiles à manœuvrer la fourberie. On doit tout attendre du siècle où nous vivons. La malice des gens qui m'entourent n'est que le premier degré de leur audace. Que n'oseraient-ils pas devant la terreur qu'ils inspirent? Mais pourquoi me tendre un guet-à-pens, quand d'un seul mot leurs sbires peuvent enchaîner mes forces?

D'un autre côté, qui me connaît ici? Comment a-t-on su que je devais y porter mes pas? Quel individu, saisi d'un mouvement d'humanité, a su découvrir sous mon travestissement les traits d'un proscrit? Cependant, il faut hâter ma décision. Passerai-je la nuit au château, en plein air, ou en prison? Triste alternative. Le soleil est couché, je suis près du lieu qu'on m'indique : écoutons la voix du destin.

Arrivé au pied de la montée, je tourne des regards inquiets pour m'assurer que les espions sont hors de mon chemin. Je ne découvre que deux jardiniers qui reviennent gaîment sous leur toit goûter un repos après lequel depuis long-temps je soupire en vain.

J'embrasse d'un coup d'œil cette énorme masse de pierre, mise en construction par Charles V, à l'époque où il jetait à Paris les fondemens de la Bastille * qui devait un jour

* En 1375.

acquérir tant de célébrité. J'entre avec précaution dans la salle des gardes, et me sens ému de son profond silence, qui n'est interrompu que par le bruit mesuré de mes pas. Je découvre le lit et les provisions qu'une main généreuse, que je me plais maintenant à regarder comme céleste, a daigné offrir au malheur inconnu. Mais avant de prendre un peu de nourriture, je voulus visiter, autant pour ma sûreté que par curiosité, quelques points de cette vaste solitude. En m'approchant de l'horloge, il me fut aisé de lire encore sur la cloche les vers suivans :

« Charles-le-Quint, roi de France,
« Pour Montargis,
« Aus heures pour ramenbrance
« Et pour avis
« Faire me fist par Jean Jouvente,
« L'an mil CCC cinquante et trente *. »

Je les écrivis sur un carnet. Après avoir par-

* On croit que cette cloche est la seconde qui ait été fondue en France. (*Note de l'éditeur.*)

couru les tourelles, je descendis vers les fossés, qui étaient presque entièrement comblés. N'apercevant nulle part aucun signe qui pût me donner des craintes fondées, je rentrai dans la salle où je soupai en hâte, et je me couchai.

J'étais endormi depuis deux heures, en proie au plus affreux cauchemar, quand je me sens frapper à la joue avec bruit et violence. Je m'éveille en sursaut. J'alonge les bras, et ne touche que le vide. Une sueur froide me saisit tout le corps. Prêtant l'oreille, je reçois sur la main un second coup de l'invisible corps. Mais cette fois ma terreur se dissipe aux cris répétés d'un oiseau nocturne qui voltigeait autour de ma couche, et dont l'aile vigoureuse m'avait atteint.

Je ne pus retrouver le sommeil. Dès que la lueur blanchâtre, qui fait pâlir les étoiles, eut pénétré dans mon asile ouvert aux vents, docile au précieux avis que j'avais reçu la veille, je sortis du lit, emportant le reste de ma provision, dans le but de l'épuiser avant de mettre le pied dans une hôtellerie.

A Paris, on m'avait prévenu que les grandes routes, en général, étaient moins surveillées que certains lieux de traverse, en ce que les autorités présumaient, non sans fondement, que les fugitifs ont intérêt à s'écarter des chemins trop fréquentés. C'est pourquoi je suivis sans balancer la route de Lyon, au risque de subir une malencontreuse aventure.

J'allais à pied, mon bâton sur l'épaule, au bout duquel flottait un petit paquet contenant deux chemises, autant de cravates, de mouchoirs et de paires de bas. Trois biscuits avec un morceau de pâté, augmentant peu le fardeau, devaient disparaître à la dînée.

Aussitôt que j'eus dépassé la Commodité, je me sentis si frais, si leste, si dégagé, si bien dispos, qu'oubliant tous les dangers, je me surpris fredonnant un air d'amour. Mais je n'en avais pas chanté deux couplets, que la réflexion, ce don cruel que la nature, bienfaisante aux animaux, leur refusa, vint de sa main de plomb glacer, serrer et contrister mon cœur, déjà si plein d'angoisses. La violence de cet état redoublait lorsque, par trop las du chemin, je montai dans une charrette, conduite par des rouliers dont la mine décelait quelque bonté.

Je traversai Cosne par un jour que ces fous, prétendus législateurs, appelaient *décadi*. Les gendarmes, occupés à voir danser, me laissèrent passer, sans même arrêter la voiture, deux paysans paraissant indignes de fixer leur attention ce jour-là, surtout quand de jeunes filles, dont quelques-unes étaient jolies, sautaient avec assez de grâce, non loin de la route, sur un vaste carré de verdure, et réveillaient sans doute dans ces âmes de bronze des sentimens de douceur dont leur profession tend à les dépouiller.

Je descendis de voiture à deux lieues de Nevers, continuant la marche à pied. En entrant dans cette ville, un pressentiment fâcheux m'agita. Je fus sur le point d'en sortir pour chercher au bord de la Loire quelque chaumière de vigneron, dont la pitié me donnât un refuge durant quatre ou cinq heures. Je trouvai bientôt cette idée peu solide, car ma démarche pouvait éveiller des soupçons funestes au repos qui appelait tous mes vœux, en ce que la trahison prenait toutes les couleurs, jusqu'à celle du plus noble désintéressement. Je changeai donc subitement de résolution, et j'entrai dans une hôtellerie auprès du pont.

Un homme mal vêtu vint rôder autour de moi. j'affectai la plus grande indifférence aux propos qui me touchaient davantage. Il dit à l'hôte, plus occupé de ses fourneaux que des discours d'un bavard peu propre à les alimenter, il lui apprit, dis-je, que « des perturba-
» teurs s'agitaient dans plusieurs villes où ils
» avaient un point secret de réunion; qu'une
» foule d'émigrés parcouraient la France dans
» toutes les directions, en sortaient, revenaient
» avec l'intention d'organiser un plan
» général et d'égorger en une seule nuit tous
» les vrais patriotes; que le comité de salut
» public connaissait parfaitement ces menées;
» que, loin de les craindre, la convention s'en
» réjouissait, parce qu'elle n'attendait que l'ins-
» tant, qui n'était pas éloigné, d'envelopper
» tous ces traîtres dans le même filet.

» Il y a un certain comte de Montblas, ajou-
» ta-t-il encore, qui voudrait bien se rendre en
» Suisse; c'est un grand brigand que l'on vient
» de condamner à mort par contumace, mais
» qui fuit en vain le sort qu'il a merité; car les
» frontières sont si bien gardées de ce côté,
» qu'il passerait plutôt par le trou d'une ai-
» guille que par aucun sentier de l'Est. »

A ces mots je frissonnai, je pâlis, mais je ne fis d'autre mouvement que de tirer un mouchoir afin d'assurer ma contenance. J'ignore si le discoureur la remarqua, n'ayant jamais osé lever les yeux sur lui : seulement je l'entendis ouvrir la porte et sortir.

Une heure n'était certainement pas écoulée, qu'un sergent, accompagné de quatre fusiliers, me donnant un coup de la main sur l'épaule, m'enjoint de le suivre.

— « Pourquoi? Vous êtes dans l'erreur; voilà mon passeport.

— Suivez-nous.

— Mais, voici mon passeport.

— Suivez-nous.

— Mais, encore une fois, citoyens, voilà mon passeport.

— Suivez-nous, suivez-nous; faut-il le répéter tant de fois? Allons, marchons.

— Où ?

— Vous le saurez bientôt. »

Un coup de foudre m'aurait moins surpris que cette escorte imprévue. Il fallut plier la tête sous le joug de la nécessité. On devine peut-être où j'allai : droit en prison. Point de vivres, deux bottes de paille, un cachot humide, une condamnation capitale, le glaive suspendu sur mon cou, tout me fit tressaillir d'horreur dans ce lieu ténébreux. Ma vie touchait à son terme. Il n'y avait plus pour moi de délibération possible en vue de la prolonger. Sans armes, j'étais maître d'en disposer pour la soustraire aux tyrans : je possédais, dans un sachet posé sur mon cœur, deux bols d'opium et d'aconit, préparés par les mains d'un habile pharmacien, et que mon ami, le savant Cabanis, m'avait donnés pour en user au besoin. Ce poison était si prompt, qu'il causait la mort en trois minutes, sans d'autres signes que quelques gouttes de sang échappées du nez.

Fortement résolu de terminer, sans retard, des jours voués au malheur, et dont mes bourreaux allaient couper la trame, je remis l'exécution de mon projet au lendemain matin. Qui le croirait? après une telle résolution, la tranquillité revint; un calme rempli de douceur, comme si j'eusse versé des bienfaits, enchaîna tous mes sens; je goûtai, sur la paille d'un noir cachot, le plus parfait repos qui soit accordé à l'innocence de l'âme, et le seul songe dont j'aie en cet instant conservé le souvenir fut un rêve de bonheur.

Il était près de huit heures : mes paupières s'ouvrirent. J'eus beaucoup de peine à découvrir la position de l'aiguille sur ma montre, tant les ténèbres m'environnaient. Une voix secrète me dit : Comte de Montblas, il est temps de quitter la terre. Prenant alors mon sachet, j'en tire un bol. Avant de l'avaler, j'élève mon âme vers l'Éternel, et je replie ma dernière pensée sur ma chère Angélica.... Je pose un genou en terre : Dieu de mes pères, reçois mon âme en tes mains.... Le bol roulait entre mes doigts, je le porte à mes lèvres.... Ciel ! qu'entends-je ? un bruit de verroux. C'est le geôlier, oui, c'est lui-même qui va m'ouvrir la voie du trépas. Arrête, malheureux ! je connais encore celle du salut. « Oui, s'écria-t-il d'un accent » roulant comme le tonnerre, sors d'ici, mau- » vais auvergnat, tu es libre. On s'est trompé » en t'amenant chez nous ; l'on t'a pris pour un » certain comte de Montblas, avec lequel tu as » une grande ressemblance ; mais on vient d'ap- » prendre qu'il s'est sauvé du côté de la Nor- » mandie. Ainsi, quitte notre logement pour » faire place à d'autres. »

A l'aspect de cet homme farouche, à son langage inusité, je demeure pétrifié sous le coup de la plus extrême surprise. Je remets machinalement le bol dans mon gilet; j'envisage le porte-clés avec une sorte de stupidité, doutant si c'est un piège dressé par sa cruauté pour me faire tomber dans une fausse joie, ou si c'est en vue de contempler mes traits en amusant ma crédulité.

« Hé bien, ajouta-t-il en agitant ses grosses » clés, faut-il la force armée pour te faire sor- » tir? est-ce que tu es mieux couché ici que dans » tes montagnes? Tu ne ressembles guère à » celui qui a voulu s'échapper avant-hier de ton » cachot en ôtant ces deux pierres, et qu'on a » conduit hier à Paris pour essayer le rasoir » national. Tu es bien heureux qu'on ne t'en- » voie pas mettre la tête à la fenêtre, pour » éternuer dans le sac. Tu as pourtant une jolie » cravate à guillotine! » Un rire féroce accompagna cette sanglante image, tirée du *Père Duchêne*. Puis, me poussant par les épaules : « Allons, dit-il encore d'un ton rauque, passe » devant moi. »

Je retrouvai le cours de mes esprits avec le mouvement des jambes, et je franchis le seuil de cet enfer, dont le premier démon m'avait glacé d'épouvante. Une cité qui traite si durement ses hôtes n'a, je pense, aucune compensation pour rendre leur séjour attrayant. Bien que Nevers ne fût point complice des forfaits d'une centaine de misérables, la prudence commandait au voyageur de s'éloigner soudain des tyrans qui la gouvernaient. C'est ce que je fis à l'heure même, préférant les horreurs de la faim aux perplexités qu'un nouvel ordre pouvait encore me faire endurer. Ce n'est qu'à deux lieues de là, que, succombant de faiblesse et d'inanition, je me traînai dans un cabaret, où l'impatience me fit dévorer des mets grossiers, que l'appétit sut rendre délicieux.

Mais cet appétit glouton, la prestesse avec laquelle j'avalais tant de morceaux, appelèrent sur moi l'attention : je m'en aperçus heureusement assez tôt pour corriger cette imprévoyance. Je ralentis mes mouvemens, et feignant de ne pouvoir résister au sommeil, je posai sur la table ma tête dans mes deux mains. Cela réussit à merveille; pris pour un paysan, on me laissa ronfler un quart d'heure; après quoi je dirigeai mes inquiétudes sur Moulins.

Là, je m'arrêtai deux jours chez le vieux chevalier de Blainville que son âge mettait hors de cause dans le grand procès des fauteurs de la révolution. Encore qu'il eût appris ma condamnation à mort, il n'hésita point à me recevoir. Malgré son extrême obligeance, si rare dans ces temps calamiteux, je ne voulus point abuser d'une hospitalité qui pouvait à chaque heure devenir le prix de son sang. Toujours incertain sur le lieu où je devais cacher ma personne et mon nom, je lui parlai des environs de Bordeaux. » Gardez-vous d'aller là, me dit-il; on y est à la poursuite des Girondins qu'on veut traquer à toute force comme des bêtes fauves. Comment donneriez-vous le change à ces cruels chasseurs? Les tigres ont manqué de cinq minutes Barbaroux et Louvet.

» Vous portez le costume des fils d'Auvergne; il sied bien à vos projets. Gagnez la ville d'Aurillac. Une de mes cousines l'habite; c'est la comtesse de Varimont; je vais vous recommander à ses soins. On l'aime assez dans le pays, en ce que, refusant d'émigrer par la seule horreur d'une vie errante, elle a montré des sentimens empruntés à l'exaltation républicaine, qui ont dissipé tous les soupçons qu'aurait pu faire naître son véritable caractère, plein d'honneur, de délicatesse et de probité. Je sais que la dissimulation ordinaire est un vice de l'âme; mais dans certaines occasions où l'innocence, frappée de l'adversité, voit sa vie en péril, la feinte qui va la sauver doit-elle mériter autre chose que le nom de prudence?»

Ce procédé me toucha jusqu'aux larmes. J'embrassai le bon chevalier dans l'effusion d'un cœur reconnaissant. Il y fut si sensible que je sentis sa main presser la mienne avec un mouvement convulsif, et je vis tout à coup rougir le bord de ses paupières. O belle âme! siége de la plus pure vertu, cet éclair m'a consolé.

Avant de quitter mon noble ami, j'écrivis à la tante d'Angélica, qui devait arriver d'Angoulême à Paris le lendemain de mon départ. Je lui donnais l'adresse de la comtesse de Varimont, avec le faux nom indiqué dans mon passeport. Cette adresse était ainsi conçue: A la citoyenne Varimont, rue Doringue, à Aurillac (Cantal).

Jouet du destin, comme la feuille poussée par un vént d'automne, je secoue de nouveau la poudre de mes souliers, et me voilà sur la route de Clermont, au milieu d'hommes qui peut-être conspirent ma ruine sans me connaître. Mais, ô mon déguisement! je te salue, tu m'as préservé de tout accident, sous le sabre même des gendarmes aux ordres de vingt municipalités dirigées par la terreur.

FIN DU LIVRE PREMIER.

Livre Deuxième.

❁

ENCORE que ma vie fût aux prises avec tant de périls, je conservais assez de liberté d'esprit pour contempler la beauté du spectacle qui s'offrait à mes yeux. Le soleil de juin jetait tout son éclat sur cette plaine de la Limagne, si justement renommée pour sa fertilité. Ces masses

3.

de verdure, cette vigueur de végétation, les caux de l'Allier dont le tranquille mouvement effleurant ses bords promène l'abondance jusqu'à la Loire; ces montagnes entassées l'une sur l'autre dont les nues couvrent le front audacieux; ce Puy-de-Dôme et ce Mont-d'Or où la vue n'a de limites qu'un ciel lointain penché sur l'horizon; tous ces grands tableaux ensevelissaient mes rêveries dans une magnificence inépuisable.

Parcourant avec lenteur les chemins raboteux, escarpés, alongés par tant de sinuosités, qui séparent Issoire de Saint-Flour, je ne subis d'autre ennui que l'impatience; mais je retrouvai mon admiration presqu'au sortir de Murat. Le passage du Liorant, qui borde quelques volcans éteints depuis un grand nombre de siècles, me semble ignoré des peintres. Une forêt de gros et noirs sapins sur le flanc du Cantal; un torrent à ses pieds, une route étroite taillée dans la montagne, et à pic, sur un précipice de cent toises; une cascade roulant de la cime des rocs, et s'échappant en bouillons écumeux sous un pont tremblant, formé d'arbres liés sans art; des rochers dépouillés de toute terre végétale, dont la pointe arrondie s'avance sur l'abîme, et menace incessamment d'écraser le voyageur qui voit tant de ruines à chaque pas qu'il fait pour s'y soustraire. Quelle plus riche matière pour la palette d'un artiste enflammé des beautés rudes et sévères que la nature cache d'ordinaire aux profondes solitudes!

J'ai passé Vic, et j'aperçois déjà la Jordanne qui, coulant au pied des murs d'Aurillac, va porter ses ondes au village d'Arpajon.

Mon cœur bat en approchant du pont. Pourquoi?... pourquoi! Puis-je me le demander? Cependant, nul individu ne foule à cette heure la promenade du Gravier. Traversons la place. Entrons dans la rue Dorimgue. Je respire. Ah! quel soulagement! Je suis enfin chez madame la comtese de Varimont. Je la vois, je lui parle; ses doigts touchent ma lettre, ou plutôt celle du chevalier.

Ma taille et mon costume la surprirent d'abord; elle en fut presque effrayée : mais elle eut à peine jeté les yeux sur l'écrit, que, prenant un air d'assurance accompagné d'une politesse aimable, elle me conduisit dans une salle sans ornemens, où elle me pria de l'attendre quelques minutes. En rentrant, « M. le comte, me dit-elle avec un charmant sourire, je viens d'ordonner qu'on vous dispose un appartement au fond du jardin. Comme il a deux sorties, j'espère que vous y serez en sûreté, au moins pendant un temps. Si le sort veut que cet asile soit une prison, je ferai mes efforts pour adoucir votre captivité. De Blainville s'applaudira de vous avoir mis en mes mains. Donnez-moi des nouvelles de ce bon chevalier; vous m'obligerez beaucoup, car vous saurez que je lui porte l'amitié d'une sœur. »

Après avoir satisfait à toutes les questions qu'elle crut devoir m'adresser, je lui témoignai toute la peine que mon cœur éprouvait en songeant au danger que lui ferait courir journellement ma présence dans un lieu surveillé des méchans.

« Que cela vous inquiète peu, reprit-elle. Je

n'ai presque rien à redouter ici. Ma réputation de patriote, dont vous a parlé de Blainville, met à couvert ma personne et mes amis. Si l'on tentait quelque entreprise contre votre liberté, croyez que j'en serais instruite assez tôt pour donner l'éveil à de plus sûres démarches.»

Ces paroles rassurantes calmèrent un peu mes inquiètudes. Je pris possession de mon nouveau logement. Je déposai dans une garde-robe mes habits d'Auvergnat, pour les reprendre quand la nécessité viendrait de nouveau m'en imposer la loi; car, malgré les précautions de la comtesse, d'après les événemens marqués dans un voyage de cent-quarante lieues, je ne pouvais me dissimuler, sans m'étourdir sur ma position, que je demeurais constamment sous le coup des plus mortelles embûches. La comtesse pourvut à tous mes besoins avec autant de zèle que d'activité, même avec un désintéressement supérieur à tous mes éloges. Elle m'obligea, dans sa vivacité naturelle, d'accepter une partie du linge fin du feu comte son mari; procédé fort délicat qui appelait une extrême reconnaissance, mais auquel je n'aurais pu me soumettre sans l'appréhension de lui causer du chagrin par mon refus.

J'étais chez elle depuis quinze jours, et chaque jour m'offrait l'occasion d'apprécier ses rares qualités. C'était une femme d'environ quarante-cinq ans, un peu épaisse comme le sont beaucoup de femmes à cet âge. Une tête superbe surmontait son cou d'albâtre. Elle avait des sourcils noirs fortement prononcés, mis en arc par la nature avec toute l'adresse d'un grand peintre, avantage qui donnait à ses yeux perçans, comme aux traits de son visage, une physionomie toute particulière.

Dans ce corps logeait une belle âme, ordinairement douce, compatissante, généreuse, éclairée. Mais si l'ennui glissait par fois le poison dans sa tête, alors l'humeur s'en échappait en éclats. Malheur à qui le causait! Heureusement que ses boutades, vives comme l'étincelle, en avaient la durée.

Elle recevait, une fois la semaine, cinq ou six personnes sans que les autorités d'Aurillac en prissent ombrage. Il s'y rencontrait deux écrivains, sortis de Lyon par un motif moins grave que le mien, mais dont la source était la même, la crainte d'une persécution. Ces jeunes gens, dont le plus âgé comptait à peine trente ans, marchaient presque toujours avec un manuscrit dans la poche. On les priait d'en faire lecture sans avoir besoin de les presser. Leur docilité passait en proverbe parmi nous ; ils semblaient même en tirer vanité, tant il est vrai que l'amour-propre sait au besoin se revêtir des couleurs de l'obligeance.

Un jour que nous étions rassemblés, la comtesse, prenant la parole, dit à l'un d'eux : « M. Merval, avez-vous aujourd'hui quelque chose à nous lire ? Ces dames et ces messieurs auront sans doute beaucoup de plaisir à vous entendre. Veuillez nous prêter un instant votre complaisance accoutumée. »

M. Merval sourit, montra ses dents blanches comme une amande sans peau, mit la main sur un petit rouleau de papier, orné de faveurs rose et bleue, le fit sortir de sa poche, et, après avoir toussé deux ou trois fois, lut ce qui suit dans le plus grand silence.

« Mœurs édifiantes du XIVe siècle. »

CHAPITRE PREMIER.

« C'était, il m'en souvient très bien, un jeudi 24 janvier, que le cordelier Rocard, distingué dans son ordre par une mâle éloquence, partit de Paris pour Crespy en Valois, chargé d'une mission secrète, dont le but apparent était d'apaiser les troubles qui régnaient aux environs de Beauvais, mais dont le vrai motif devait servir les intérêts d'un prince. Il arriva le soir à Dammartin, entra dans une auberge, se fit servir un gigot de mouton qu'il aimait beaucoup, six becfigues, présent fait à l'hôte par un plaideur intéressé, avec deux flacons d'excellent Pomard, un des vins de France qui flattaient le plus son palais.

» Minuit venait de sonner quand le cordelier finissait sa première bouteille, mais son repas n'était pas achevé. La seconde fut entamée pour arroser les débris du gigot. Un cordelier, qui négocie, craint peu d'être surpris faisant gras le vendredi. Aussi, Rocard noyait-il tout scrupule dans un rouge-bord, trop convaincu que sa conscience serait toujours en paix avec un doux péché qu'un couvent n'est pas seul à commettre.

» En portant le vase à ses lèvres, un léger bruit derrière la cloison lui fit tourner la tête de ce côté; il écoute: c'étaient deux marchands picards, couchés dans le même lit, qui discouraient à voix basse sur les dangers que couraient les nobles qui avaient, par une conduite trop rigide, irrité leurs vassaux. Dans ces temps de calamités, dont la chaîne remontait aux pastoureaux exterminés en faveur de la paix, on était plein des horreurs de la Jacquerie. Le seigneur de Lhormel venait d'être embroché, rôti tout vif par des paysans cannibales, qui forcèrent sa femme et sa fille de goûter ce mets épouvantable.....

» Le cordelier recueillit une partie de la conversation picarde, avec l'intention de la mettre à profit. Il se coucha, dormit bien, se leva quand le soleil, depuis deux heures éclairait l'horizon, fit venir son hôte, demanda son compte, et le régla dans une prière écrite de l'acquitter par son couvent. L'hôte allait se récrier sur cette monnaie, dont le cours était alors fort peu en usage, lorsque Rocard, devinant sa pensée, lui ferma la bouche avec trois signes de croix, appuyés d'une promesse solennelle de le servir dans l'autre monde.

» Arrivé à Crespy, le frère prit tous les renseignemens nécessaires à sa mission. Le roi de

Navarre, tout couvert de crimes, voulait y mettre le comble par la mort de son beau-frère., Charles V. Après avoir fait égorger le connétable avec des circonstances horribles, sous le règne de Jean dont il avait épousé la fille aînée, il chargea le médecin juif Angel, d'empoisonner le successeur de ce monarque. Angel repoussa la commission, mais ce refus lui coûta la vie, et les flots couvrirent son funeste secret. Le Navarrois, occupé de sa cruelle idée, fit entrer un agent dans les cuisines du roi, qui devait saupoudrer de poison les plats à sa portée. Précaution mise en défaut! Duruc et Pierre Dutertre, condamnés à mort devant le parlement, furent exécutés aux halles. Charles-le-Mauvais, ainsi frustré de son criminel espoir, dépouillé de presque toutes ses places, court en Angleterre, livre Cherboug à cette puissance, et entretient des liaisons avec divers seigneurs français, afin de souffler incessamment la discorde au cœur du royaume.

» Le cordelier, homme adroit, devait manier en faveur du Navarrois, l'esprit de deux barons puissans, éloignés de la cour, qui faisaient manœuvrer à leur gré, autour de Beauvais et Compiègne, d'ignorans paysans, dont ils étaient les premiers à se moquer, sous le nom de *Jacques Bonhomme*.

» Rocard, en quittant Crespy, tourna vers la gauche, et se rendit en deux jours à Beauvais. Il traversa rapidement cette ville, et n'était plus qu'à trois lieues du château de Breteuil, où résidait l'un des barons qu'il souhaitait entretenir, quand il s'arrêta dans un village pour y faire son oraison. L'église était fermée. Une vieille femme le reçoit, croyant, par les bonnes œuvres d'un si saint homme, s'attirer toutes les faveurs du ciel. Mais que les vœux des chétifs mortels sont ici bas trompés! comme tu vas le voir, très-cher ami lecteur. »

Ici une dame interrompit Merval, et lui demanda le nom de l'auteur du manuscrit.

— « On l'ignore, mais on a des raisons de s'imaginer qu'il est mort depuis près de quatre siècles..

— A la fidélité de sa mémoire, j'y devais

compter; toutefois je vous confesse qu'à son style je ne m'en serais pas doutée.

— Il est vrai que j'y ai joint un peu du mien.

— Beaucoup, ce me semble, monsieur Merval; mais continuez, je vous prie. »

CHAPITRE II.

« Frère Rocard était issu d'une famille noble de Touraine, dont les ancêtres avaient servi l'état avec distinction, mais dont le courage ne put corriger les rigueurs de la fortune aux malheureuses batailles d'Azincourt, de Crécy et de Poitiers. Son père, blessé dans les vignes à côté du roi Jean, venait de mourir au service de Charles V, sous la conduite de Duguesclin, et lui-même avait porté les armes dans les rangs de cet illustre capitaine. Il n'en sortit qu'à la suite d'un duel, où son adversaire paya de sa vie, par un coup de lance, un léger différend qu'il avait imprudemment engagé.

» Poursuivi par une discipline rigide, il crut se mettre à l'abri des lois en cachant sa faute sous le froc. Il entra chez les cordeliers de Paris, qui lui firent sentir les austérités de la pénitence durant trois ans. Avec peu de vocation pour ce nouvel état, il en supportait impatiemment le poids, lorsque le supérieur du couvent, démêlant dans le frère des talens peu communs, adoucit envers lui les rigueurs de l'ordre, caressa ses penchans pour l'intrigue, et se flatta de les employer utilement pour l'honneur du cordon.

» Le moine ne démentit point les avantages dont il semblait être en possession, et l'on vit éclore avec intérêt le germe des grandes dispositions pour la finesse, la ruse et la dissimulation profonde, qu'on a décorées depuis du beau nom de diplomatie. Son éloge perça jusqu'aux oreilles du roi de Navarre, qui se le fit présenter et s'en servit. Mais je dois avouer ici que cet agent secret refusa toujours les commissions, dont le vol, ou le meurtre, ou la ruine de son pays, pouvait être le terme.

» Rocard entrait alors dans sa trente-cinquième année. C'était un très-bel homme de cinq pieds neuf pouces, dont la stature laissait voir des jambes d'Hercule, de larges épaules, propres aux plus lourds fardeaux, avec une vaste poitrine, où son cœur généreux battait à l'aise pour la gloire et les grandes actions. Sa tête, quoique bien posée sur un cou vigoureux, n'offrait pas les mêmes proportions régulières que le reste du corps. Il avait le front haut, les yeux un peu enfoncés, mais fort brillans, les joues pleines et rosées, le nez long, la bouche petite, trop petite peut-être, et avec tout cela un air terriblement martial.

« Sa prière était à peine achevée, qu'un groupe de paysans, qui s'entretenaient au pied de l'église avec une grande chaleur de la captivité du roi Jean, bien qu'il fût mort depuis plusieurs années, s'avança vers la demeure de la bonne femme, qui touchait au cimetière. L'un d'eux apercevant le Franciscain s'écria : « Voici « encore un de ces grands fainéans qui man- « gent leur pain sans le gagner, comme ces « nobles qui n'ont de courage que pour mal- « traiter de pauvres campagnards sans défense, « et dont l'insigne lâcheté a laissé prisonnier le « feu roi dans les mains des Anglais ! Oui, dit « un autre armé d'une broche, c'est ce coquin « de cordelier qui, dans l'émeute de Tille, a « éventré la mère Basarde, et a battu avec ses « entrailles les joues de ses deux filles ! C'est « bien lui, je le reconnais à sa tournure, à sa « taille, à son air satanique. »

« Le cordelier croyait rêver à ces discours. « Mes amis, leur dit-il tranquillement, vous êtes dans une erreur complète. J'étais à quatre-vingts lieues de Tille, lorsque l'affreux événement dont vous parlez arriva. Un monstre seul a pu se déguiser sous le respectable habit que je porte, afin de commettre le plus horrible des attentats, et souiller l'ordre du grand St.-François d'Assise.

— Tais-toi, dit un être farouche ; tu n'as pas d'amis ici ; tu mourras ! fais ta prière !

—Qu'on le mette à la broche, ajoute un autre : vite un grand feu ; qu'il soit rôti tout vif, et qu'il puisse régaler l'honorable compagnie! »

« Aux gestes, aux regards de ces brigands, Rocard vit bien qu'il était perdu si son courage l'abandonnait. Quinze hommes étaient entrés, et trois paraissaient à la porte. Il n'y avait pas un moment à perdre. Nulle éloquence n'aurait pu pénétrer ces âmes de fer. Le cordelier, sentant son couroux s'allumer, prend conseil de son désespoir; il voit au feu un vase d'eau bouillante ; il déploie, rapide comme l'éclair, son musculeux jarret, saisit la chaudière, et, dans un clin-d'œil, la verse horizontalement sur les paysans, dont les cris et les hurlemens vont éveiller l'écho de l'église; et, d'un coup de pied brisant une chaise, il assomme avec un des montans tout ce qui s'oppose à sa fureur. On tombe, on fuit dans ce tumulte; la porte ne présente qu'un espace imparfait à ceux dont l'usage des jambes n'est pas encore interdit; ils se pressent en roulant l'un sur l'autre par trop d'empressement à voler au cimetière.

« Rocard, dans le dernier degré de sa rage, dresserait un arc de triomphe sur la place même avec les ossemens des vaincus, si la prudence ne venait refouler cette pensée au fond de son cœur, en l'obligeant à fuir à son tour ce lieu d'horreur, où la multitude enfin pourrait voir son trépas, avec les circonstances qu'on a si vivement offertes à son imagination.

« On doit penser que sa mission auprès des barons ne fût pas remplie. Il revint en hâte à Paris, et ce fut encore pour son malheur.

CHAPITRE III.

« L'ÉTAT était rempli de troubles, et la capitale encore plus que les provinces ; c'étaient presque toujours Montfort, duc de Bretagne, et Charles de Navarre, qui les attisaient. Avec de pareils personnages dont l'un abusait de la confiance du connétable Olivier Clisson, frère d'armes du grand Duguesclin, pour lui ôter la vie, et dont l'autre, ne rêvant qu'empoisonnemens, voulait d'un seul coup faire disparaître le roi, le frère de ce monarque, les ducs de Berri, de Bourgogne, de Bourbon et les principaux seigneurs de la cour; avec de pareils êtres, dis-je, les feux de la discorde ne devaient point manquer d'aliment. Tous deux traitaient avec les Anglais, et livraient aux ennemis de la France ses meilleurs ports, Brest et Cherbourg, quand ceux-ci étaient déjà en possession de Calais et Bordeaux.

» En effet, quel être plus perfide que ce Montfort, dont Clisson répare les fautes, qui, sous couleur de prendre l'avis de ce guerrier sur une forteresse qu'il élève, l'attire dans un donjon, le fait charger de chaînes et jeter dans un cachot humide, ordonnant au gouverneur Bavalan de l'enfermer dans un sac, et de le jeter à la mer aux approches de la nuit! Heureusement que les hommes qui servaient ce méchant duc avaient une âme sensible à la pitié. Un domestique, voyant le froid pénétrer les membres de Clisson, lui donne son propre manteau pour se couvrir, tandis que Bavalan tombe aux pieds de son maître, en vue de fléchir sa rigueur, et lui met devant les yeux l'atrocité d'une action qui peut avoir des suites épouvantables. « Ne m'en parle plus, répond le duc, obéis. »

» Cependant les ténèbres de la nuit inquiètent Montfort. Il s'étonne que le sommeil fuie ses paupières. D'affreuses pensées l'agitent; il voit l'Europe indignée d'une semblable trahison. Dévoré des angoisses du repentir, il se surprend lui-même dans des cris étouffés; et lorsque Bavalan, paraissant au point du jour, lui dit avec une profonde affliction : *C'en est fait,* Monfort entre dans les convulsions du désespoir, s'abandonne aux gémissemens les plus lamentables, refuse toute nourriture, et ne veut voir personne jusqu'au soir que le prudent gouverneur laisse enfin échapper ces mots : « Consolez-vous, Clisson n'est pas mort. » Ah! dit le duc, plein de joie, quel service tu m'as rendu, cher Bavalan! » Cette exclamation n'empêcha point Montfort d'exiger de Clisson cent mille francs pour sa liberté. Aussi le roi fut-il prêt à porter la guerre en Bretagne pour venger un affront qui rejaillissait sur sa couronne.

» J'ai dit à l'heure même *quel être plus perfide que Montfort!* c'est un tort que je dois reconnaître en voyant son repentir, car le roi de Navarre, qui n'en eut jamais, le surpasse en scélératesse. A la suite d'une longue série de forfaits, vous le voyez soupirer après le trépas de ses proches. Il n'attend pour ce dernier crime qu'une faveur du destin. Le hasard conduit à sa cour Gauthier-le-Harpeur, un de ces menestrels qui parcourent les provinces en chantant, jouant des instrumens, visitant les châteaux dont ils font les délices, comme ils en reçoivent le plus gracieux accueil. Son valet, Robert Wourdreton, était Anglais; ce fut cet homme qu'il choisit pour l'action que son cœur infernal méditait. Il apprit lui-même à ce valet, digne d'un tel emploi, la propriété meurtrière de l'arsenic, la dose nécessaire à la mort, et désigna les lieux où on le vendait. « Tu en trouveras, lui dit-il, chez les apothicaires, dans les grandes villes que tu dois traverser en allant à Paris. Quand tu seras introduit dans le palais, tu approcheras de la cuisine, et, rencontrant un moment favorable, tu jeteras cette poudre sur le potage, sur les mets et les vins qui sont destinés à la table du roi. » L'Anglais promit tout, acheta le poison à Bayonne, fut arrêté en arrivant à Paris, interrogé, condamné à être tiré par quatre chevaux, et l'exécution suivit.

» Le ciel ne put voir sans horreur le cours de tant d'atrocités; il punit le coupable avec autant de rigueur que le scélérat qu'il avait gagné. Les excès continuels de la volupté hâtant chez lui le progrès des ans, il était déjà vieux avant dix lustres. Un jour qu'en vue de ranimer sa chaleur languissante, il s'enveloppait d'un drap imbibé d'esprit de vin, son valet de chambre finissant de coudre le drap, et ne trouvant point auprès de lui ses ciseaux pour couper le fil, en approche la bougie : le feu y prend avec rapidité, se communique au drap. Avant qu'on puisse lui arracher cette funeste enveloppe, le Navarrois est brûlé jusqu'aux os, et meurt quatre jours après dans d'affreux tourmens.

CHAPITRE IV.

» A SON entrée dans la capitale, le franciscain voit de grands embaras dans les rues, ainsi qu'une populace furieuse qui les parcourt en tous sens. Comme il s'informe du principe de la rumeur publique, un vieillard lui raconte qu'elle vient de naître à la suite de la rebellion de

Rouen; que le peuple, secouant l'autorité légitime, en a renversé toutes les lois; qu'il y a élu un roi dans la personne d'un marchand mercier, nommé Legros, à cause de son obésité; que ce nouveau monarque, en ordonnant la suppression des impôts, a vu piller et massacrer les maltôtiers. Paris, continua-t-il, à l'exemple de Rouen, refuse les subsides qu'on lui demande.

» Le cordelier veut recevoir de nouvelles lumières. Son habit de religieux peut mettre obstacle à ses désirs; il le quitte chez un ami, et se travestit en charbonnier. Il suit le peuple qui marche à grands pas vers l'Hôtel-de-Ville, bravant quelques poignées de soldats disposés à lui fermer le passage. La fureur de ce peuple s'accroit de la résistance. Il s'empare des maillets de plomb qu'on y conservait pour se défendre de l'attaque des Anglais lorsqu'ils menaçaient Paris. Avec cette arme, il assomme dans les rues, enfonce les portes des maisons, force les prisons qui vomissent une foule de scélérats, dont le corps des séditieux se grossit. On va droit au

Châtelet, où l'on venait d'enfermer de grands personnages. Les gardes et les geôliers montrent quelque fermeté, mais ils succombent sous le fer et les masses. On fait sortir les détenus l'un après l'autre; ils sont assommés à mesure qu'ils paraissent. Quelques uns essaient de se défendre. Les barbares entourent de bois le Châtelet, y mettent le feu, repoussent aux portes à coups de piques ceux que la flamme et la fumée forçent de le quitter, et toutes les horreurs sont exercées sur les enfans, les femmes, et les vieillards, poursuivis jusqu'au fond des cachots. La Conciergerie vit en un moment hors de ses murs le connétable, le chanchelier, l'évêque de Coutances, son fils, dont le supplice fut un jeu atroce pour ces tigres déchaînés, qui traînèrent dans les places publiques les corps de leurs victimes pendant trois jours.

» Au milieu de cette sanglante tragédie, le cordelier apprend que Jean-sans-Peur, duc de Bourgogne, n'y est pas étranger. Cette nouvelle devient une certitude quand il voit, sur la route de Vincennes, de nouveaux massacres, le duc encourager Capeluche, bourreau de Paris, qui ordonnait les exécutions en s'y prêtant, s'entretenir familièrement avec cet homme et lui serrer la main. C'étaient les Orléanais qui périrent ainsi ; on les avait tirés de Vincennes par son ordre pour être jugés à Paris ; et, s'imaginant porter leur innocence devant un tribunal que Jean y avait établi, ces infortunés tombèrent dans le piége tendu de ses propres mains.

» Rocard, accablé de tant d'horreurs sans pouvoir y porter remède, se retirait dans l'asile de son ami. Un groupe d'assommeurs l'entraîne vers une porte de la ville, dont le *quartinier* avait la clé sous le chevet de son lit. Il ne découvre d'autre moyen de s'en dégager que d'user d'une masse qu'il trouve à ses pieds, sanglante, où des cheveux de diverses nuances étaient encore attachés.

» Un corps de troupes marchant sur ses pas l'arrête ; il se défend, reçoit un coup de hallebarde, tombe sur le pavé qu'il arrose de son sang, est fait prisonnier, et ne se relève que pour entrer dans un cachot, le même que deux jours auparavant avait occupé le prévôt de Paris, Hugues Aubriot, sacrifié par l'Université à la vengeance du duc d'Anjou.

» Jean-sans-Peur, entouré du rebut de la plus vile populace qui l'a si bien servi dans ses cruautés, ne songe plus qu'à briser un instrument incommode dès qu'il n'est plus utile. Il lâche un gros de ces furieux contre un parti ennemi, voisin de la capitale. Ils sont battus, crient à la trahison; et pour la rendre vraisemblable, ils tuent leurs chefs. Enfin, le duc de Bourgogne, dans son désir d'établir la paix sur la ruine de tant d'ennemis, ordonne d'exterminer hors Paris tous ces forcenés qui se croyaient soldats parce qu'on leur avait mis les armes à la main.

» Le franciscain, plongé dans la fosse d'Aubriot, était rassuré par le cri de sa conscience. Il se flattait d'en sortir aussitôt que l'orage serait apaisé. Il ne se doutait guère que la masse dont on l'avait trouvé saisi, devenue pièce de conviction entre les mains d'une multitude de témoins qui demandaient sa mort, le conduirait au gibet. Si l'ancien prévôt de Paris, Henri Capetal, avait un siècle auparavant livré à la potence un pauvre innocent qu'il tenait en prison, au lieu d'un riche coupable dont l'argent seul le sauva de l'échafaud, la main de la justice le retrouva, et sut lui faire expier son crime au même endroit, en donnant tous ses biens à la famille du malheureux, qui ne put être mieux vengé.

» Mais la faute de Rocard, née d'un motif de curiosité trop souvent intempestive dans les momens de confusion, n'était ici qu'une vertu, puisqu'il aurait empêché le cours des meurtres, si cette noble et courageuse action avait dépendu de la vigueur de son bras. Dites, que peut un seul homme contre des milliers de factieux animés par la rage et la soif du sang?

» Le duc de Bourgogne souhaitait fort de se débarrasser de satellites parfois trop indociles à ses ordres; il en fit mourir un grand nombre par le glaive de sa volonté. Rocard, quittant son cachot, fut extrêmement étonné quand il se vit porté devant des juges dont les yeux et la contenance annonçaient sa mort. Le fatal maillet, produit au tribunal, devint, malgré son éloquence appuyée sur son droit, le sujet d'un arrêt capital.

» Le cordelier, vainement réclamé par les supérieurs de son ordre, ne se laisse point abattre d'un coup si subit. Il marche au gibet avec une fermeté capable d'honorer le plus grand courage. Cet air d'assurance gagne le cœur du peuple, qui n'ose manifester ouvertement ses dispositions. Le cordelier monte les degrés de la fatale échelle qui conduit à l'éternité. Capeluche lui passe au cou le nœud coulant. On entend quelques gémissemens au milieu de la foule. « Peuple, dit-il avec un accent mâle, qui me voyez sur le seuil du trépas, prenez pour moi confiance au Très-Haut. Le Dieu qui m'a dernièrement sauvé de la broche en Picardie peut aussi bien me tirer ici du lacet patibulaire; et si sa volonté permet que je meure au milieu du supplice réservé aux criminels... »

» Ces mots sont interrompus par les cris d'une jolie fille de quinze ans, qui, le bras levé, un billet à la main, s'efforce de percer la foule. « Arrêtez! arrêtez! dit-elle tout essoufflée, grâce! grâce! voilà sa grâce! » Elle pâlit, ses forces l'abandonnent, ses paupières se ferment; elle tombe évanouie au pied de l'échafaud. On s'empresse autour de cette intéressante messagère; des sels lui sont prodigués, tandis que Capeluche, immobile, attend de nouveaux ordres.

» Le billet est lu par un officier de justice; l'exécution du jugement demeure suspendue; le bourreau descend la victime aux applaudissemens unanimes et redoublés de ce même peuple, qui, un quart d'heure auparavant, venait aux halles, comme en un jour de fête, se repaître des dernières angoisses d'un religieux.

CHAPITRE V.

» Le tout-puissant Jean-sans-Peur, qui tient dans ses mains tous les fils de la révolte, qui vient de faire enfoncer les portes de l'hôtel Saint-Paul par la troupe de Périnet-le-Clerc dont l'adresse a dérobé à son père endormi, et magistrat de quartier, la clé d'une porte de ville, par où l'Isle-Adam, commandant de Pontoise est introduit ; qui fait monter à cheval le roi tremblant et malade, afin de couvrir de sa présence tous les désordres de la journée, le duc de Bourgogne enfin avait reconnu que l'arrestation du cordelier était le fruit d'une méprise. Mais on peut croire que, sans la courageuse insistance de la jeune Ismène qui, se précipitant à ses genoux, les mouillait d'un torrent de larmes, la vie de Rocard atteignait son terme.

» Une victime, échappée au gibet par les prières de la jeunesse et de la beauté, touche peu le duc. Il faut un remplaçant, et c'est ce même Capeluche, dont le bras a tranché les jours d'un si grand nombre d'Orléanais sur le chemin de Vincennes, que Jean livre au couteau. On vit donc monter à son tour Capeluche à l'échafaud. Mais son valet, qui lui succédait, n'ayant jamais fait d'exécution, tremblait d'y porter un coup mal assuré. Capeluche, moins touché du péril que de l'inexpérience de ce nouveau bourreau, révèle de l'héroïsme dans un personnage tant avili. En effet, on entend la leçon qu'il lui donne sur l'échafaud; on observe les mesures qu'il prescrit pour n'être pas manqué. Quand le valet se croit assez instruit, Capeluche se met tranquillement à genoux, baisse la tête, et reçoit le coup sans avoir laissé percer le moindre signe d'émotion.

» C'est le dernier acte de cette horrible tragédie, que le courroux céleste ferma par une peste qui mit à Paris au rang des morts, en trois mois, cent mille personnes des deux sexes, dans toute la vigueur de l'âge... »

L'impatience de madame de Varimont s'était manifestée plusieurs fois durant cette lecture; mais, à ce dernier trait, elle ne put retenir un mouvement de dépit : « Merval, s'écria-t-elle, suspendez le récit de tant d'horreurs; vous pourriez affaiblir celles de notre révolution.

— » Mais, Madame, c'est de l'histoire dans toute sa nudité.

— » De l'histoire, de l'histoire! voilà comme ils sont tous avec leurs histoires! Ils inventent des Rocards placés dans un drame, les mêlent aux situations les plus pénibles pour un cœur sensible, y joignent deux ou trois grands noms afin de captiver fortement l'attention, et crient jusque sur les toits : *C'est de l'histoire!*

— » Songez, Madame, que je ne suis pas l'auteur...

— » Ah! pardon, mon cher Merval, je l'avais oublié. »

Merval roula ses feuillets et les remit dans sa poche avec le plus grand flegme. Son ami Dorinville le regarda, cherchant à deviner dans ses yeux si la vive interruption de la comtesse lui avait causé quelque aigreur; mais, n'en découcouvrant nulle trace, il jugea que cette offense paraîtrait légère en une occasion où madame de Varimont, si prompte à s'alarmer de traits cruels, recourait non moins vite aux lois de la bienséance.

« Puisque M. Merval, dit Madame de Varimont avec une douceur infinie, veut nous dérober, par ma faute, la suite de son histoire, voudra-t-il bien permettre à son ami d'affaiblir un tort où la volonté a eu beaucoup moins de part que l'impatience, ce qui, je le sais, est plutôt encore un tort nouveau qu'une excuse légitime, voudra-t-il, aujourd'hui que la soirée est entièrement consacrée aux lectures, nous communiquer la Nouvelle dont il nous a promis de s'occuper la semaine dernière? Je sollicite auparavant l'aveu de Merval. »

Celui-ci, en homme de lettres qui, sentant sa dignité, sait étouffer des accens de colère pour les tourner en procédés civils, accorde un consentement plein de grâce, dont l'assemblée lui sait d'autant plus de gré, que l'esprit de Merval pouvait être partagé entre la violence et la jalousie.

Dorinville, assuré des heureuses dispositions de l'amitié, n'hésite plus à nous rendre confidens du fruit de ses loisirs. Comme ces Messieurs m'ont permis de transcrire leurs cahiers, je ne crains pas de tromper mes lecteurs par le récit d'une mémoire abusée.

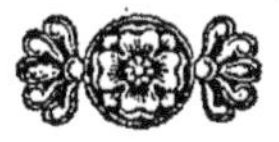

L'ILE D'AYOUTI.

« En 1792, le navire français à trois mâts *le Neptune*, ayant doublé le détroit de Magellan, fut emporté par une tempête vers l'île Malheureuse et celles du Trépied. Le capitaine, homme austère, eut à se plaindre de son équipage, et surtout d'un matelot instruit dont la langue indocile franchit les limites de la subordination. De peur d'une révolte à son bord, le capitaine ne voulut point infliger de châtiment à l'indiscret; mais, d'un autre côté, appréhendant les suites d'un acte impuni, il résolut de le mettre à terre au premier lieu qu'il découvrirait. Après dix jours de navigation par un vent grand frais, on aperçut, au jour naissant, une terre inconnue sur le chemin de celle que découvrit le célèbre Jean Davis à la fin du seizième siècle. Bientôt on s'assura que c'était une île de forme triangulaire, dont la pointe la plus avancée se rencontrait par 212 degrés 27 minutes 6 secondes de longitude, et 23 degrés 45 minutes 9 secondes de latitude méridionale, aux bornes du Tropique.

» Le capitaine, toujours affermi dans sa résolution, fit embarquer dans une chaloupe le matelot Naudrin, avec quatre hommes qui le déposèrent, malgré ses plaintes et ses cris, sur la plage, où du biscuit et de l'eau fraîche pour un mois ne laissèrent à l'infortuné que l'expectative d'une mort lente et cruelle. Il fit tous les efforts que le désespoir inspire afin de retourner au vaisseau ; mais ses conducteurs, sourds à ses gémissemens, fendirent l'onde avec la rapidité d'un oiseau ; et, n'ayant pu les suivre plus d'un quart d'heure à la nage, il revint au rivage, haletant de fatigue, dévoré de regrets, le cœur brisé des plus horribles anxiétés. Ses yeux se fermèrent, et ne s'ouvrirent que pour voir encore l'extrémité des mâts du vaisseau dont l'inhumain patron le condamnait, pour une faute assez légère, au dernier des supplices.

» Le voilà donc, comme l'Écossais Selkirch, dont Daniel Foé, sous le nom de *Robinson Crusoé,* nous a fourni l'intéressante histoire ; le voilà, dis-je, abandonné dans une île déserte, bientôt en proie aux horreurs de la faim, et dès l'heure même exposé à la férocité des monstres. Vous croyez peut-être qu'en face des plus pressans périls, Naudrin va succomber de faiblesse ou de terreur : détrompez-vous. Après quelques heures passées dans les noires réflexions qu'un tel état comporte, il se lève, et marche droit au rocher qui dominait une plaine entrecoupée de platanes étoilés dont la hauteur et l'épaisseur le couvraient de leur ombrage, en le garantissant des ardeurs d'un soleil presque toujours irrité dans ces climats. Là, broyant lentement son biscuit et séchant ses paupières, il se dit : Que deviendrai-je ? Un barbare, que, pour me venger, les flots devraient engloutir, m'a jeté sur cette côte, à quatre mille lieues de mon pays. Le ciel exorable au malheur ne saurait-il inspirer à un seul marin de naviguer dans ces parages, ou l'y pousser par le courroux des vents ? Je monterai sur le plus grand de ces platanes, je ferai des signaux avec mes vêtemens, je pousserai des cris de détresse, je..... Insensé ! quel espoir ! des vivres pour un mois, puis la mort.. La mort ! Hé bien ! est-elle donc un si grand mal ? Périr dans les ondes, terminer sa vie dans un lit, être écrasé sous un rocher, présenter sa tête aux carreaux de la foudre, palpiter sous la dent d'un lion ou d'un anthropophage, si le mode est différent, la fin n'est-elle pas toujours la même ? Qui suis-je en ce monde qu'un insecte que l'hirondelle dévore en volant ? D'ailleurs, cette île offre peut-être quelque ressource, voyons, parcourons-la.

» Au même instant, un orage se forme autour de lui, l'horizon prend une teinte sombre et noircit les bords de l'île. Les vents soulèvent les flots qui viennent rouler en écumes au pied du rocher, et s'y briser avec furie. La foudre, qui dormait au sein des airs, s'éveille et rompt la nue. Naudrin, entouré du fluide électrique, sent ses cheveux se dresser ; il s'écrie : O Dieu! Dieu! si le trépas le plus désirable est le plus prompt et le moins prévu, pourquoi tes feux ne m'ont-ils pas anéanti ?

» A peine achevait-il ces mots, qu'un léger bruit sorti des feuilles lui fit tourner les regards avec une vive inquiétude. Il crut entendre le mouvement d'un animal altéré de sang, prêt à boire le sien. L'effroi le rendit immobile. Sa volonté fut impuissante contre le désordre de ses facultés. Il resta fixé en cet endroit comme si ses pieds eussent adhéré aux racines du platane. Soudain un être à face humaine, au teint olivâtre, d'une stature élevée, apparaît avec une surprise égale à celle du Français. Une tresse de longues herbes couronnait sa tête, ses reins étaient enveloppés d'un pagne bleu descendant jusqu'aux genoux, et il avait aux pieds une chaussure de joncs serrés, faite avec assez d'art. Il portait un arc en ébène, avec un carquois rempli de flèches : un poignard tenait à sa ceinture. Aussitôt qu'il vit l'étranger, ses yeux noirs s'allumèrent, il tira son poignard, s'avança vers lui, mais avec la précaution que fait naître un objet inconnu.

» A ce terrible aspect, Naudrin, sans armes, ne douta plus de sa perte; il tombe à genoux, pose une main sur son cœur, regarde à la fois le ciel et cet homme, en implorant sa pitié par tous les gestes capables de l'éveiller dans l'âme des humains sous toutes les zônes. L'étranger l'entendit, et prenant d'une façon bienveillante un calumet renfermé dans sa ceinture, il en pose trois fois le bout sur la poitrine du matelot, puis, touchant sa main droite, lui croise légèrement les doigts, et lui fait signe de le suivre.

» L'orage avait entièrement cessé. Aux vents mutinés succédait un calme ravissant, et la couleur de l'air pur se mariait à l'azur des cieux. Naudrin et son conducteur, ayant marché quelques heures dans l'intérieur de l'île, arrivèrent en un lieu vaste, entouré de larges fossés privés d'eau : c'étaient les remparts d'une ville formée de cinq ou six cents maisons, construites en terre, sans régularité, n'ayant qu'un étage. Notre marin, passant par tous les degrés de l'étonnement, dont le terme était l'espoir de vivre, prit doucement la main de son compagnon qu'il trempa de ses pleurs, en y portant ses lèvres brûlantes d'attendrissement. Celui-ci parut touché de l'émotion de l'Européen et le conduisit, parmi des bouquets de verdure, au milieu de frais gazons, bordés de fleurs dont l'éclat et la variété se disputaient son attention, dans la case de son père, auquel il fut présenté. Après quelques mots d'explication, où brillait la vivacité des regards du jeune Indien, le vieillard, de son pouce droit, toucha le front du matelot, avec le doux sourire de l'amitié hospitalière. Deux jeunes filles, vêtues à l'indienne et parées de leur innocence, envisagèrent en tremblant l'inconnu. Elles sortirent presqu'aussitôt, sur l'ordre paternel, afin de vaquer aux soins domestiques.

» Un hamac fut préparé pour Naudrin. On le nourrit de maïs et de riz. La chasse et la pêche devinrent ses amusemens comme sa principale occupation. Son adresse à manier l'arc l'emporta bientôt sur celle même de son bienfaiteur ; les oiseaux et les quadrupèdes, dont l'île abonde, tombaient sous ses flèches. L'exercice continuel, secondé d'une rare intelligence, le rendit célèbre en six mois parmi les insulaires. Il fit de rapides progrès dans leur langue, avec un zèle d'autant mieux soutenu, que la fille aînée de l'hôte demeura chargée de cet enseignement. Sous un tel maître, le langage du pays lui fut, au bout d'un an, presque aussi familier que le français, tant l'influence du sexe assouplit nos organes. Elle était belle et bien faite; son œil étincelait comme celui de son frère, en fallait-il davantage pour exciter l'ardeur d'un Français de vingt ans?

» Il y en avait deux que Naudrin vivait assez content parmi ces bons insulaires, sans être touché d'autres regrets que l'absence de la patrie, dont le doux souvenir ne meurt jamais au cœur de l'homme. Souvent, après ses courses, il allait se délasser aux bords de l'île, fixant des regards avides sur l'étendue des mers, et cherchant vainement une voile secourable qui le ramenât en Europe. Il rentrait oppressé sous le poids d'une douleur cuisante que la vue de ses hôtes dissipait faiblement.

» Un jour qu'il tendait ses piéges aux habitans de l'onde, il crut voir dans l'ouest le mouvement d'une voile. Ému d'une indicible joie, il monte à la cime du platane qui l'avait déjà reçu sous son ombrage dans la première crise du malheur. Mais hélas! il craint que, victime d'une illusion, le perfide élément ne se joue de son espoir : tantôt l'objet disparaît à sa vue, tantôt cet objet grandit en approchant. Enfin, après une longue attente, il ne doute plus que ce ne soit un vaisseau. O ravissement! la voile s'avance. Déjà Naudrin distingue le beaupré qui se dirige sur la pointe de l'île. Coupant soudain une branche dépouillée de ses feuilles, il y joint un mouchoir pour former des signaux. Son âme pourra-t-elle soutenir tant d'émotions? O douleur nouvelle! qu'a-t-il découvert? c'est *le Neptune* revenant de la Vera-Crux! Tourmens de l'enfer! Naudrin vous porte tout à coup dans son sein. Caprices de la volage fortune! tombez, tombez donc sur un infortuné dont la patience ne saurait lasser vos rigueurs!

» Le navire met en panne; un canot se dirige vers le lieu des signaux, dont l'instrument vient d'échapper des mains défaillantes du matelot. Quatre hommes en sortent; ce sont précisément les mêmes qui l'ont déposé sur cette grève qu'on croyait homicide. Ils l'appellent, ils le voient, ils collent avec transport leurs joues sur les siennes, et lui annoncent la mort du barbare commandant qui l'a délaissé. Délices de l'âme! vous inondez encore une fois notre héros, dont la frêle existence est prête à s'enfuir.

» Les marins vont le ramener. Mais comment abandonner ces rivages sans revoir ses chers bienfaiteurs? Cependant l'heure presse, il faut partir. Ah! dit-il à ses camarades, encore un quart d'heure, afin qu'une inscription en langue ayoutienne, gravée sur l'écorce de ce platane, témoin de tant de sentimens divers, apprenne aux plus dignes hôtes qui soient au monde que leurs tendres soins n'atteignirent pas un ingrat.

« Adieu, rivage, rocher, prairies, vallons,
» adieu; portez ma voix sur l'aile des vents à
» l'oreille de mes amis, et dites-leur bien que
» chaque lever du soleil de ma patrie me re-
» trouvera priant pour eux dans les élans d'une
» reconnaissance impérissable comme le sou-
» venir de leurs bontés; adieu. La nef vaga-
» bonde m'appelle au milieu des orages, sans
» laisser aux larmes de mon cœur le temps de
» couler dans vos bras : adieu, adieu. »

» Il remonta sur *le Neptune* avec ses compagnons. Le nouveau capitaine, ayant ouï leur récit, s'était un peu détourné de sa route pour s'informer du sort de Naudrin, touché d'une faible espérance de le trouver en vie. Ce digne homme voulut que le matelot fût traité à son bord comme un passager vivement recommandé. *Le Neptune* évita cette fois le trop dangereux détroit de Magellan, il franchit le passage de Lemaire, vers la terre de Feu; et, au bout de soixante-dix jours d'une heureuse traversée, il aborda au Hâvre. Naudrin, qui l'habite depuis un mois, va bientôt abandonner ce port dans le but de se rendre à Paris, où, selon la coutume de certains voyageurs, il se propose de publier une relation véridique des mœurs ayoutiennes. »

— « Il y a de l'intérêt dans votre Nouvelle, dit une dame Solvarès à Dorinville.

— Oui, sans doute, ajouta la comtesse, et pour mon compte, je brûle d'être initiée aux coutumes de ce pays.

— Certainement, reprit le baron de Rochetendre qui était à côté de moi, et dont la bouche entr'ouverte éteignait assez mal un bâillement, une île étrangère à l'univers, une terre qui sort des eaux, cela est vraiment curieux!

— Très-curieux, dis-je à mon tour; ne voyez-vous pas les dames qui l'habitent tomber des nues avec des maris qui leur apportent des mœurs célestes?

— Oh! la plaisanterie n'est pas de saison; vous ne connaissez point ces mœurs, Monsieur le comte, puisqu'elles sont encore dans la tête du narrateur.

— Je me figure, Madame, des tailles élégantes, des beautés pudiques, peut-être un peu basanées, des hommes complaisans, fidèles comme des Français, et des flots de vertu roulant sur toute leur île.

— Ah! des flots de vertu! quelle étrange inondation! »

Dorinville gardait le silence. Merval souriait. Le baron, roulant sa tabatière entre ses doigts, frappait légèrement la terre du pied, tandis que madame Solvarès laissait tomber avec ingénuité deux ou trois minauderies sur son voisin Dorinville.

Le bruit d'une porte qu'on ouvrit derrière moi me fit tourner la tête. Un domestique, entrant avec mystère, voulut parler à la comtesse qui le suivit. Deux minutes après, madame de Varimont nous annonça que la réunion de ses amis dans sa maison, sans être nombreuse, blessait quelques membres de la municipalité sous l'influence directe de la société populaire, et qu'on venait de lui apprendre que Carrier trouvait beaucoup trop douces les mesures de salut public ordonnées dans son pays; qu'il voulait un grand nombre de têtes, en vue de le rendre plus solidement patriote.

Nous frémîmes tous à cette nouvelle. L'indignation courait de front en front. Afin de ne point exposer notre amie, il fut unanimement résolu que l'on se séparerait à l'instant même, pour se revoir dans un temps plus tranquille.

La comtesse, lorsque tout le monde se retirait par le jardin, me dit : « Mon cher comte, dans ce tumulte, ayez la paix de l'âme. L'Éternel est tout-puissant; son divin secours ne vous manquera point, pourvu que vos démarches soient toujours guidées par la prudence. Vous allez suivre ma femme de chambre dont, depuis dix ans, le zèle, la discrétion, la probité, sont entièrement consacrés à mes intérêts. Elle vous mènera chez un brave homme qui doit à ma protection une partie de son bien. Là, vous recevrez mes conseils avec de sûrs avis. Encore une fois, ne craignez rien; je veille sur vous, telle qu'une tendre mère couvre de toute sa sollicitude un fils chéri. »

J'appliquai mes lèvres sur la noble main à qui j'allais être redevable de ce nouveau bienfait. Elle m'embrassa vivement; nos yeux se rencontrèrent humides. Je la quittai douloureusement pour suivre sa femme de chambre chez un cordier de la ville.

Ce brave homme n'eut pas plutôt connu le motif de mon apparition dans son modeste asile, qu'il me fit passer au bout de son grenier, dans un lieu secret, disposé d'avance par ses soins; ce qui me donna lieu de m'attendrir encore sur les bontés prévoyantes de madame de Varimont.

FIN DU LIVRE DEUXIÈME.

Livre Troisième.

Que d'épines pour une fleur semées dans le champ de la vie! Combien de tribulations pour un éclair de gaîté! Qu'une âme généreuse et sensible est torturée en voyant accumuler autour de soi l'injustice, la perfidie, les crimes, et la cruauté qui les comprend tous!

Mais aussi comme elle s'épanouit alors qu'une main dévouée à la bienfaisance, comptant par ses vertus tout le bien qu'elle peut faire, verse sur les plaies de cette âme le baume réparateur qui la rend toute vive à l'existence! C'est ce sentiment pénétrant, chargé de gratitude, dont le poids tomba délicieusement sur la divine comtesse et mon digne hôte.

Les recherches devenaient de jour en jour plus sévères. On menaçait de la mort quiconque cacherait un suspect. Madame de Varimont, en me recommandant une extrême prudence, joignait à ses conseils pleins de sagesse tous les mets capables de flatter un palais tranquille. Mais hélas! pouvais-je l'être? La plus excellente nourriture se tournait en gravier sur ma langue. Le meilleur vin, perdant ses précieuses qualités, contractait une épaisse amertume qu'il déposait au pharynx. L'air que je respirais par un seul carreau de vitre ne m'apportait d'oxigène qu'une quantité insuffisante pour alimenter le jeu de mes poumons. Dans un espace trop circonscrit, mes jambes manquaient d'exercice; tout mon corps en souffrait; les forces vitales diminuaient visiblement. Il me semblait impossible de rester long-temps dans une pareille situation.

Sur ces entrefaites, une lettre d'Angélica me parvint. Elle n'avait pas voulu la confier à la poste. C'est un homme sûr, voisin de la comtesse, qui, venant de Paris, s'en était chargé par la recommandation de ma sœur, madame de Limeuille.

« Voici, me dit mon hôte, une lettre que la comtesse vous envoie. Puisse-t-elle vous faire du bien! je pense que vous en avez grand besoin. »

En reconnaissant les traits d'Angélica tracés sur l'adresse, ma main trembla de crainte et d'espérance. Je n'osais l'ouvrir. Un léger frisson parcourait tout mon corps. Je ne sais quoi de vague et d'incertain me faisait passer les doigts sur le cachet sans le rompre. Enfin mon sot embarras ayant duré vingt secondes, je retrouvai le courage de la lire. Elle renfermait quelques lignes de sa tante, en réponse à la mienne. Angélica s'exprimait ainsi :

» Très cher et bon papa,

» J'apprends enfin où vous êtes. D'où vient » que vous m'avez quittée sans me prévenir, » sans recevoir mes embrassemens, sans le » plus petit signe d'adieu? Mon Dieu, que j'ai » pleuré lorsqu'on m'a dit que vous étiez sorti » depuis deux jours de la maison de M. de Lan» çay, et que l'on ignorait de quel côté vous » aviez tourné vos pas! Lise a couru toute la » journée pour découvrir vos traces. De mon » côté, j'ai fait dans le même but d'inutiles » efforts. Je suis rentrée accablée de lassitude, » et le cœur déchiré par tous les points. Plus » d'appétit, une langueur fatale, des gémisse» mens, des plaintes, le ciel inexorable à mes » vœux, tout concourait à nos malheurs. Ma» dame de Lançay est venue, a tâché de me » consoler, a voulu m'emmener chez elle. Je » l'ai accompagnée. Deux jours après, ma tante » est arrivée d'Angoulême. M. de Lançay, » dans ses recherches, a su de madame de » Pirol que vous aviez passé à Montargis. Selon » ce qu'elle a rapporté, vous lui auriez une

» grande obligation que sa modestie l'empêche
» de reconnaître.

» Elle dit qu'à la poste de Nemours, elle a
» parfaitement distingué vos traits sous un vê-
» tement commun ; que, prévoyant une fuite
» nécessaire, elle vous avait devancé d'une
» heure à Montargis ; qu'elle avait mis ce temps
» à profit pour vous écrire un billet dont le
» motif devait vous faire passer secrètement la
» nuit au château.

» Sûr de cet avertissement, M. de Lançay,
» ne doutant plus que vous n'eussiez pris la
» route du midi, fit répandre le bruit que
» vous aviez suivi celle de Normandie. On sut
» bientôt que des ordres venaient de partir
» pour vous fermer le passage sur tout le lit-
» toral, depuis Dunkerque jusqu'à Brest.

» Depuis, n'ayant pu vous arrêter, les
» hommes odieux, les scélérats, les monstres,
» vous ont jugé par contumace, et vous ont
» condamné à .....; ma plume tombe à ce mot
» terrible....

» Pauvre papa, laissez-moi la reprendre.

» Que mes pleurs, s'il se peut, n'effacent pas
» mon encre. Il me faut du courage : j'en
» aurai.

» Quand reviendrez-vous? Dieux, quelle
» absence! Que parlé-je de vous voir revenir!
» restez encore dans votre solitude. Tout est
» ici brûlant, tout y est atroce; partout de la
» fureur, partout du sang. La plupart de vos
» amis ne sont plus.... Bon papa, le cœur me
» manque; j'appelle ma tante, je la presse
» d'accourir à mon fauteuil... Adieu, adieu,
» très cher papa.,..

» Je suis un peu mieux. Un marchand de
» votre ville, qui connaît madame de Lançay,
» vous portera ce message. Ah! puisse-t-il
» avoir des ailes pour déposer à vos pieds mes
» tendres souvenirs, avec l'expression des plus
» vives inquiétudes. Mais patience, patience,
» M. de Lançay assure qu'il est impossible que
» tous ces massacres durent encore deux mois.
» Mais deux mois, quels ruisseaux de larmes
» et de sang vont couler encore! Très cher
» papa, au nom de Dieu, de votre Angélica,

» ne sortez point de votre retraite avant qu'un
» ciel plus pur n'ait éclairé vos pas. Oui, oui,
» je le sens en mon cœur, j'en ai l'heureux
» pressentiment, les vœux d'Angélica seront
» bientôt exaucés, malgré toute la furie de
» nos persécuteurs. »

Hé bien, dis-je à voix basse, n'avais-je pas raison de redouter l'ouverture de cette lettre? *La plupart de mes amis ne sont plus!...* et moi, j'existe encore! Angélica, sans toi, chère enfant, ce poids de la vie, ce fardeau qui m'écrase, serait bientôt déposé. Madame de Pirol, femme adorable, c'est donc à votre humanité que j'ai dû mon triste salut! O hasard, je bénirais tes faveurs, si elles m'eussent donné la liberté! Mais à présent que l'oiseau de la nuit couvre ma tête de son aile funèbre, je n'ai plus d'espoir qu'en mon courage. J'irai sur la place, j'y verrai leur sanglant instrument qui guérit tous les maux. La pensée est moins prompte que sa chute. Y a-t-il là souffrance, douleur, sentiment? Qui peut éclaircir un point si mystérieux? Le raisonnement sera-t-il bien

BIBLIOTHÈQUE NATIONALE R.F. IMPRIMÉS

solide en m'apprenant que le centre de la sensibilité, séparé d'un seul coup de ses rameaux, laisse l'individu dans une complète inertie? Je le veux croire. Pour moi, l'essentiel est la fin de mes tourmens.

Rempli de ces pensées, je sortis de mon asile, malgré toutes les représentations sensées du cordier et de sa famille. Je me dirigeai vers la fontaine sans être connu de personne. Je marchais le corps baissé : mais, en levant la tête, je découvris un échafaud qui, depuis quinze jours, était en permanence. Deux hommes y montaient par curiosité. L'un se mit sur la planche, la fit avancer en riant. Je frémis de cette imprudence. J'allais même élever la voix quand son camarade, touchant involontairement la corde, laissa tomber le couteau. La tête du malheureux roule sur l'échafaud. Soudain un cri d'horreur s'élève de tous côtés. La garde fut appelée, mais trop tard. On emporta le corps de l'infortuné que l'on reconnut être celui de Joseph, de ce généreux Auvergnat dont les habits m'avaient préservé jusque-là du sort fatal qui l'attendait dans son pays *.

A peine huit jours venaient-ils de s'écouler depuis son arrivée. C'était pour voir sa femme, grosse de neuf mois, qu'il avait entrepris ce long voyage. En apprenant la fin tragique de son mari, elle fut si violemment saisie qu'elle accoucha d'un fils, qui lui ôta la vie en naissant.

Madame de Varimont, inquiète de ma sortie de chez le cordier, sut bientôt me découvrir; elle me fit prier instamment de passer chez elle. Je m'y rendis. Aussitôt qu'elle eut fermé sur nous la porte de son cabinet, je la vis effrayée. Moi-même j'étais encore tremblant de l'horrible catastrophe dont l'image me poursuivait. « Comment, me dit-elle, cher comte, pouvez-vous abandonner un lieu sûr, un refuge inaccessible au crime, pour vous montrer dans l'endroit le plus fréquenté de la ville? Si vous

* J'ai habité Aurillac treize ans après cet événement. On me l'a raconté de la même façon, hors une seule circonstance, mais qui est la plus importante. (*Note de l'éditeur.*)

avez dessein de faire mourir vos amis de douleur, le chemin que vous prenez est facile et prompt, car dans deux jours peut-être vous passerez des fers à l'éternité par une voie de sang.

» Malheureux! apprenez que votre signalement est arrivé hier ici, qu'on l'a expédié dans toute la France. J'en suis instruite de trop bonne part pour que vous puissiez mettre ce cruel avis en doute. »

Hé bien, répondis-je, puisque le destin s'attache aussi durement à ma perte, aucune réflexion pour l'éviter ne saurait arrêter mes pas. Je fuirai, car ceux qui me receleraient payant leur commisération de leur vie, c'est épargner de nouveaux forfaits que de me soustraire à leur généreux dévoûment.

— Mais où aller? que devenir dans un pays inconnu, hérissé de montagnes?

— C'est précisément ce qui doit me sauver.

— Comte, votre raison vous abuse. Au nom du créateur, qui veille sur ses ouvrages, demeurez avec moi. Si la trame de vos jours court des risques, la main des Parques rendra notre sort commun. Je vous en supplie, suivez un conseil que je crois inspiré du ciel : c'est là voix de l'amitié qui le transmet.

— Non, non, chère comtesse, je n'écoute plus rien.

— Songez au moins à d'autres moyens de sûreté. Qui peut pressentir les événemens d'une existence aventureuse comme celle que le délire des tyrans vous prépare? Prenez ces pistolets avec ce poignard, dont mon époux ne fit jamais usage. Si la nécessité vous les met à la main, le souvenir de celle qui vous les donna, loin d'affaiblir votre courage, ne saurait qu'en redoubler la vivacité. »

J'acceptai son présent, et dès que l'obscurité me permit de m'en séparer sans trop de dangers, je lui renouvelai tendrement mes adieux. Elle essaya encore une fois de me retenir ; mais, me trouvant affermi dans ma résolution, elle porta son mouchoir à ses yeux comme pour me dérober quelques larmes, et s'assit sur un fauteuil auprès de la porte. Je profitai de ce moment pour m'échapper.

Marchant à la clarté des étoiles, surtout à celle de Sirius que je reconnus dans la constellation du grand Chien, et qui brillait à ma droite, je m'avançai vers un chalet du Puy-Marie. La porte en était mal fermée, je l'ouvris sans peine, et j'y passai d'une manière fort incommode le reste de la nuit.

L'aurore, qui se montre si belle sur ces hauteurs, me trouva tout éveillé. Bien qu'en proie à tous les genres de maux, je demeurai comme en extase au magnifique lever de l'astre du jour. Je mis un genou en terre, et j'adorai la main puissante qui le fait rouler avec tous les mondes dans le champ de l'infini.

Il y avait du péril à rester en ce lieu. Je suivis, non sans efforts et lassitude, quelques monts jusqu'au Puy-Grioux. Découvrant une maison isolée au pied de cet énorme rocher dont la pointe se perd dans les nues et va défier la foudre, j'imaginai que mon signalement n'avait pu pénétrer encore dans cette chaumière. Cette réflexion me donna de l'assurance et m'y conduisit.

Je trouvai un paysan de bonne mine entre sa femme et son jeune garçon d'environ dix ans, assis tous trois autour d'une petite table, mangeant avec appétit des châtaignes cuites à l'eau. A mon approche, l'homme se leva, me fit un salut, tandis que la femme et son fils, cloués sur leur banc, donnaient aux châtaignes une attention soutenue par la faim.

» Brave homme, lui dis-je, voulez-vous bien permettre à un voyageur fatigué de prendre un peu de nourriture à votre table, et de partager avec vous le mets que j'y vois ?

— Avec plaisir, répondit-il, et Lisbeth y joindra trois œufs frais, si cela vous convient. Lisbeth, fais-les cuire, mon enfant. J'ai encore dans mon outre un petit reste de vin de Sarlat; mes châtaignes de Maurs ont leur prix; vous allez en goûter en attendant les œufs : c'est, avec du pain de sarrasin, tout ce que je peux vous offrir. Les temps sont durs, et je ne suis pas riche. Venez-vous d'Aurillac ?

— Je viens de... de... là....

— Oui, de Vic.

— Tout près d'ici... de ce côté.

— Ah! j'entends, de Saint-Jacques-des-Plats. Ils ne sont pas bons à Saint-Jacques. Depuis quinze jours ils ne dorment plus; on les entend toutes les nuits faire patrouille aux environs; je ne sais quel diable les tourmente, ni quel être ils cherchent, mais nos montagnes sont si désertes, qu'ils y trouveraient plutôt vingt loups qu'un homme. Pourtant ce n'est pas la nuit qu'on court à la chasse aux loups, n'est-ce pas vrai, monsieur le citoyen? Hé bien, Lisbeth, tes œufs sont-ils cuits?

— Oui, les voilà. »

Durant ce peu de mots que ma tête semblait approuver par un signe, on me faisait place au banc; mon petit couvert fut bientôt mis. Dans ma situation, des œufs, du fruit des forêts, une cruche de vin, et du pain noir valaient tous les mets de l'opulence.

— » Il faut que vous ayez fait aujourd'hui beaucoup de chemin, continua le bon homme, car je vois avec satisfaction que notre dîner vous plaît, et sans la faim, rien de bon. L'air est vif au Puy-Grioux, et encore plus au Plomb, tout vis-à-vis de nous. Où allez-vous ce soir?

— Je n'en sais rien encore.

— Comment! vous n'en savez rien?

— Je veux dire à Murat, peut-être..

— Oh! vous avez encore du chemin à faire.

— C'est à quoi je pensais. Tenez, mon hôte, prenez cette pièce.

— Bon Dieu, c'est une pièce d'or; mais je ne saurais vous en donner la monnaie.

— Gardez, gardez, je vous la laisse entière: une partie acquittera le repas, et l'autre pourra me conserver votre bon souvenir.

— Oh! oui, merci, merci, généreux voyageur. »

Mais en voyant ma bourse, il découvrit aussi mes armes. Il se rassit aussitôt et pâlit: « Reprenez votre or, ajouta-t-il en alongeant la main de mon côté, détournant la tête avec une vive inquiétude; je n'en veux plus; qui sait comment vous l'avez acquis? Les apparences sont si trompeuses! »

Il me prenait sans doute pour un détrousseur

de grand chemin. Je combattis son erreur avec les armes de la raison et de la sensibilité. Il s'y rendit bientôt sous un témoignage qui ne lui laissait plus rien d'équivoque; et, tirant de sa conviction la vivacité de ses excuses, il se confondit en remercîmens de ce que j'avais préféré sa chaumière aux auberges voisines.

Il était clair, par le discours de cet homme, que le danger me suivait partout. Je formai le projet de m'éloigner par des sentiers qui conduisent à Mauriac, et de m'arrêter auprès de Saint-Martin-Valmeroux. J'avais quelque espoir de me tenir caché huit jours dans la montagne de Salers, dont les fromages ne le cèdent en qualité qu'au Roquefort; et huit jours, ôtés aux fureurs de l'anarchie, apporteraient peut-être un peu de relâche à mes angoisses. Le chemin était long, difficile, rude, extrêmement fatigant sur cette file d'aspérités. Les obstacles me rebutèrent, et mon projet mourut en naissant. Je retournai vers le chalet avant de prendre une résolution nouvelle. Mon inspiration s'accordait mal avec mes souhaits.

En effet, le soir même, usant de précaution pour n'être point surpris, j'aperçus, par un très-beau clair de lune, cinq hommes armés marchant doucement. J'armai soudain mes pistolets. Soit que ma taille leur parût effrayante, soit que mon ombre l'accrût encore à leurs yeux, j'en vis trois s'écarter promptement en disant : *C'est lui-même, c'est le géant du Cantal!* Les deux autres, jetant leurs fusils, tombèrent d'effroi sur le ventre. Au lieu de fuir, je m'avançai vers eux, non pour tirer de leur bouche quelque lumière, mais afin de connaître par leur allure ces coureurs de montagnes. C'étaient de pauvres pâtres, à qui l'on avait mis sur l'épaule de mauvais fusils rouillés avec ces mots : *Marche à la patrouille.* Je posai le pied sur le corps de l'un d'eux, et je sentis son dos frémir sous moi.

Après cette épreuve, la prudence devait m'éloigner du chalet, car je ne doutais pas que le récit de ces hommes n'en mît un plus grand nombre à ma poursuite. Croyant n'être point observé, par mille détours que j'avais pris dans le dessein de leur donner le change, je revins à la maison de mon hôte. Ma témérité voulait un châtiment. Je frappai légèrement à la porte. On m'ouvrit en murmurant. Le paysan, qui se frottait les yeux, ne me reconnut qu'au bout de cinq à six secondes. En remontrant que je m'étais égaré, je lui expliquai mon embarras, auquel je le priai de remédier en me laissant passer la nuit chez lui. Ses appréhensions revinrent, il hésita; mais enfin, sur les sermens que l'honneur guidait mes démarches, il consentit à m'introduire auprès de sa vache noire, faute de lit. Dans de semblables occurences une étable vaut un chalet, et j'y dormis profondément.

Tant de vicissitudes coup sur coup affaiblissaient mon courage. Le terme d'une vie si orageuse était dans les secrets de la Providence, mais un dégoût presque invincible m'y portait par désespoir. Cruellement ballotté par les tempêtes politiques, j'allais fermer les yeux sur le gouffre qui devait à jamais engloutir toutes mes espérances. Dans cette oppression de l'âme, je ne fis plus aucune difficulté de confesser à l'hôte que des êtres puissans par le crime étaient acharnés à ma perte; que la veille j'avais failli tomber en leurs mains sous les nombreux instrumens qu'ils manient avec trop d'habileté dans toute la France; que mon cœur manquait de force pour soutenir à présent la moitié de si rudes épreuves; qu'il m'y fallait succomber, dépourvu de tout appui; que je le priais à ma dernière heure, qui n'était pas éloignée, de me rendre le service qu'on rend aux morts.

Il m'écoutait, une main sur l'oreille, les yeux fixes, la bouche béante, dans l'attitude d'un homme qui rêve éveillé, quand son fils accourant hors d'haleine lui dit : » Père, père! voilà la garde de Saint-Jacques qui va passer par ici; ils sont au moins douze : ah! je les ai bien vus; ils ont des fusils et des sabres. »

Le père, un peu revenu de sa surprise, lui répondit : « Tiens, mon Charles, va m'acheter pour un sou de tabac au village de..., chez la mère Veissière, tu reviendras à midi; cours, mon enfant. » Celui-ci partit en chantant.

J'admirai, par ce trait, la présence d'esprit d'un paysan qui, dans une commission si prompte, éloignait un témoin dont l'âge ne pouvait garantir la discrétion. Il envoya sa femme au dehors sous un autre prétexte.

» Allons, allons, cachez-vous vite sous ces feuilles, » me dit-il avec rapidité. C'était auprès de l'étable, un peu plus bas. Je m'y blottis à la hâte. Il posa sur mon corps sept à huit fagots en désordre, et me recommanda de ne bouger, ni tousser, ni de cracher, ni d'éternuer, conseil bien difficile à suivre quand la nature veut le contrarier. Alors, me sentant au fort du péril, j'élevai mon âme au Très-Haut, le suppliant de la recevoir dans sa miséricorde; puis, plaçant le bout d'un pistolet entre mes lèvres, je résolus de finir mes tourmens dès qu'une main perfide mettrait ma retraite à découvert.

Il s'écoula cinq minutes avant que le moindre bruit parvînt à mon oreille. Un cliquetis d'armes, et des mouvemens de pieds m'annoncèrent l'approche de la garde nationale.

— « Halte! à vos rangs! à droite, alignement! Portez armes! Quatre hommes autour de la maison. Veillez à ce que nul n'en sorte. Huit hommes par ici. Chapsal, le géant est chez toi?

— Qu'est-ce que le géant?

— Pardi, tu fais l'étonné; c'est un noble qui a six pieds de haut. Dis-nous où il s'est caché. On l'a vu hier rôder autour de ta maison.

— Vous voyez bien que je suis tout seul. Il a passé hier... Était-ce hier?... attendez... oui, c'était hier, vraiment.... un homme assez grand; il m'a parlé.

— Que t'a-t-il dit?

— Oh, deux mots, il voulait aller à Murat.

— A Murat; vous entendez, vous autres; je m'en doutais presque. Mais, Chapsal, ne nous trompes-tu pas?

— Cherchez, si vous ne me croyez point, cherchez partout.

— Prends garde à toi, car ta tête tombera si nous le trouvons. »

Après des perquisitions à droite, à gauche, en haut, en bas, un garde ôta deux fagots; puis, enfonçant dans les feuilles sa baïonnette qui m'atteignit au sein gauche, et dont le coup amorti par un fagot effleura la peau. « Il n'y a rien, dit-il, allons nous-en. » Le chef ajouta : « Cet homme est à Murat peut-être, mais il sera pris avant d'arriver à Saint-Flour.

— Partons. Adieu, Chapsal.

— Adieu, capitaine. » Et la troupe reprit le chemin de Saint-Jacques.

Hélas! encore une fois sauvé! Faut-il remercier le ciel de m'avoir soustrait au trépas qu'un quart d'heure auparavant j'étais près d'implorer? Faut-il essayer d'un nouvel abri? faut-il encore promener mes misères le long des précipices? Dois-je attendre parmi des pâtres, stupides comme leurs troupeaux, le pain du malheur et le verre d'eau de la pitié? En me voyant dans la langueur, étendu sur la pierre solitaire de ces lieux sauvages, iront-ils porter un regard d'intérêt où va souffler le vent de l'adversité? Auront-ils le courage héroïque de Chapsal que ma ruine devait emporter au cercueil? Non, je ne le saurais croire. Après tout, qu'ai-je besoin de leur appui? ma résolution n'est-elle point toujours la même? En changeant de périls, dois-je étouffer les sentimens qui peuvent y mettre fin? La mort qui, depuis deux mois, se joue de tous mes efforts pour la fuir, n'a plus rien qui m'étonne. Cependant, ô Angélica! ô ma sœur! ô mes amis! qui pleurez les vôtres, vous quitter pour jamais! quelle affreuse, quelle épouvantable idée!

Je sortais vivant du tombeau, dégagé des feuilles et des fagots qui les couvraient, en me laissant aller à ces réflexions. » Ah! quelle peur ils m'ont donnée, s'écria Chapsal venant à moi! Mon Dieu! j'ai cru que j'allais mourir. Comme ils furetaient dans tous les coins de la maison! Savez-vous bien que, s'il leur prenait fantaisie de revenir, nous serions perdus?

— Je ne les attendrai pas, mon ami; je pars à l'instant même. Je ne veux plus exposer tes jours. Prends cet or, et permets que je t'embrasse. »

En regagnant les monts, je laissai sur la droite le roc de lave qui domine Murat; puis, prenant la direction d'Allanches, je m'arrêtai vers le soir au bord d'un ruisseau limpide, courant au pied d'un vallon, dont le centre enfoncé formait l'entrée d'une grotte. J'avais soif; le creux de ma main me servit de vase pour puiser un peu d'eau. Je m'y désaltérai avec une sorte de volupté que ne pouvait trahir à cette heure l'aspect des méchans. La nuit m'y surprit, couvrant tous les objets de son ombre. J'entrai dans la grotte; elle n'était guère plus fraîche que l'air extérieur. Je m'étendis sur la terre, que je trouvai nouvellement remuée. Mes paupières s'allaient clorre. Un animal énorme arrive à pas lents à la grotte. Il approche en flairant. Son museau se pose deux ou trois fois sur ma main gauche, y dépose son froid mucus : c'était un ours de la grande espèce. L'effroi me priva de mouvement. Il fit deux ou trois tours, et se coucha si près de moi que son épaisse fourrure touchait mes habits. Ce camarade de lit portait avec soi sa bassinoire, car je le sentais brûlant sans oser remuer.

Armé comme je l'étais, j'aurais pu l'abattre; mais le voyant d'un naturel paisible, je lui confiai ma sûreté sans trop d'appréhensions pour le reste de la nuit. On conçoit qu'un pareil voisin doit tenir les gens éveillés. Aussi avais-je constamment l'œil ouvert sur ses dispositions. Monsieur l'ours tantôt alongeait une patte, tantôt tournait la tête, tantôt ronflait à se faire entendre de cent pas. Je compris, par la façon de prendre possession de son domicile, qu'il faisait communément de la grotte un dortoir, et que j'occupais sa place. Au crépuscule, il se dressa, bâilla, secoua son poil, me regarda sans courroux, bien que la couleur de ses yeux enflammés dût semer l'épouvante. Il fit encore deux ou trois tours, et s'en alla comme il était venu *.

Étrange destinée ! tandis que les hommes se réjouissent de voir couler mon sang, les animaux féroces le respectent. L'instinct serait-il supérieur à la raison ?

* L'infortunée, atteinte de folie, madame Duboudoi, que l'on trouva nue, en 1813, sur les rochers du midi de la France, interrogée si elle n'avait pas craint les attaques des ours, répondit : « Les ours étaient mes amis, ils me réchauffaient. » (*Note de l'éditeur.*)

Mon compagnon velu m'ayant quitté pour aller au-devant de son déjeûner, qui l'attendait peut-être dans la forêt voisine, je profitai de son absence pour goûter deux ou trois heures de repos. J'en avais un besoin si pressant que rien au monde, l'attente du supplice, les griffes et les dents même de l'ours, n'auraient pu m'y soustraire.

Ce n'est pas toujours sur l'édredon que l'on fait les plus délicieux rêves : je me rappelle que, dans ce court sommeil, mes malheurs furent changés en extases ravissantes. Je nageais, non pas en pleine eau, mais dans une mer de voluptés. Le paradis de Mahomet et ses houris sont une faible image du nectar céleste qui coulait par torrens dans mes sens abusés. Oh! que ce beau rêve n'a-t-il toujours duré! faudrait-il aux pauvres humain d'autre éternité? Si l'infortune est longue, que le bonheur est court! Qu'elles sont fugitives nos douces rêveries!

Je fus tiré de la mienne par deux villageois qui s'arrêtèrent à dix pas de la grotte. Ils parlaient haut. Mon oreille comprit leur patois.

— « Est-ce bien sûr ? dit l'un.

— Oui, ça paraît aussi vrai que j'existe, répondit l'autre.

— Répétez-moi cela.

— Je vous dis donc que Robespierre est mort, qu'on l'a guillotiné avec une vingtaine d'autres, bons sujets comme lui.

— C'est possible !

— Oui, les journaux l'annoncent ; c'est une révolution.

— Nous aurons du pain ; il ne sera pas blanc ; mais n'importe, nous le mangerons.

— Les coquins, nous ont-ils fait du mal !

— Si votre nouvelle était fausse, quelle fausse joie, mon cher !

— Je vous dis, mon cher, que tout ce que je vous dis est vrai. La mère Coste qui a parlé au citoyen Meyre de Saint-Flour, qui arrive de Paris, m'a donné cette nouvelle hier au soir. Meyre les a vus tous guillotiner. Il dit que Robespierre a passé le dernier, et qu'il avait la mâchoire cassée d'un coup de pistolet ; est-ce clair ça ?

— Miséricorde! nous sommes donc enfin débarrassés de tous ces scélérats! Il y en a encore d'autres pourtant qui ne sont pas à Paris... »

Ici la voix baissa. Ils marchèrent, et je n'entendis plus que des sons confus qui se perdirent dans l'air, à mesure que leurs pas s'éloignaient.

Frappé comme d'un étourdissement, je crus rêver encore; je posai la main sur diverses parties de mon corps, afin de m'assurer que j'étais bien éveillé; je frottai mes paupières; mes oreilles même furent sévèrement interrogées, dans la crainte qu'elles ne fussent complices d'une illusion dangereuse.

Quelques minutes d'intervalle ayant écarté jusqu'au moindre doute, je sortis de la grotte avec un commencement de joie, qui m'ôta comme par enchantement le fardeau dont mes épaules demeuraient écrasées depuis ma sortie de la capitale.

En allant à la petite ville d'Allanches, j'avais l'occasion la plus prochaine de voir confirmer ou détruire mon espoir. J'y appris en effet la fin tragique des principaux tyrans de la France. On ne s'entretenait que de leur supplice dans les groupes et cabarets. J'y lus un journal qui me fournit tous les détails que ma curiosité pouvait envier. Cent-cinq de ces monstres, tombant sous la vengeance divine, furent décapités en trois jours. Dans ce nombre étaient compris les deux Robespierre, Couthon, St.-Just, les généraux Henriot et Lavalette, le président du tribunal révolutionnaire, Dumas; Fleuriot, maire de Paris; Vihiers, président de la société des jacobins. Coffinhal seul avait échappé aux recherches pendant deux jours. Couvert des habits d'un batelier, il s'était caché dans l'île des Cygnes. La faim le contraignit d'en sortir pour aller demander un asile et du pain à un homme qu'il avait jadis obligé, mais qui courut le dénoncer au comité de sûreté générale. Quelques heures après, Coffinhal fut conduit à l'échafaud.

Suivant un pareil témoignage, mes craintes se dissipèrent entièrement. Je pus lever la tête et marcher avec tranquillité. Je me hâtai de regagner Aurillac. En repassant au Puy-Grioux, je serrai une dernière fois dans mes bras le bon Chapsal, qui voulut à toute force appeler encore mes lèvres sur son vin de Sarlat, dont la qualité me parut exquise dans mon revirement de fortune.

Madame de Varimont me sauta au cou dès qu'elle me vit. Nous restâmes étroitement unis durant deux minutes sans pouvoir articuler un mot. Nos larmes se confondaient sur nos joues. Elle rompit le silence la première : « Ah ! comte, je vous revois ! Où étiez-vous donc lorsque j'envoyais un homme fidèle sur vos traces? il n'a pu vous découvrir?

— J'errais à l'aventure sur les rochers qui vous séparent de Murat.

— Vous connaissez les nouvelles du jour?

— Oui, en partie; les tyrans ne sont plus. S'il en restait encore, ils ne feraient que rugir autour de leur impuissance.

— Blainville m'écrit que Robespierre s'était blotti contre un mur quand un gendarme, le découvrant, lui a tiré un coup de pistolet au

visage. On l'a conduit, la tête enveloppée d'un mouchoir, au comité de sûreté générale : ce linge ensanglanté le rendait horrible. Henriot, couvert de boue et de sang, avait un œil hors de la tête, et Couthon, dont les reins fracturés à coups de crosse de fusil lui ôtaient l'usage des jambes, était couché dans la charrette qui les menait tous trois au supplice. Une jeune femme élégamment vêtue dit à Robespierre, en le voyant passer : « Va, scélérat, descends au cer-
» cueil avec les malédictions de toutes les mères
» que tu a privées de leurs enfans, de toutes les
» femmes dont tu as massacré les maris. Que
» n'as-tu mille vies, monstre, pour m'enivrer
» du plaisir de te les voir arracher tour à
» tour! »

« Blainville finit sa lettre en disant que Paris, délivré d'une sanglante servitude, rend grâces à la Providence, par des cris de joie, d'avoir châtié les bourreaux qui se promettaient d'en décimer les principaux habitans. Il me charge aussi d'un devoir bien doux à l'amitié, celui de vous exprimer tout l'intérêt qui s'attache à vos peines, et le plaisir de vous en savoir dégagé par la révolution nouvelle.

La comtesse, impatiente de connaître mes démarches depuis ma sortie de sa maison, n'eut pas besoin d'employer la prière. Je déroulai toutes les circonstances avec un soin minutieux, qui en relevait la gravité. Pénétrée à chaque mot de ma cruelle position, elle joignait les mains, croisait ses doigts, levait au ciel des yeux humides, avec autant de soupirs que de paroles qui faisaient ouïr : « Mon Dieu, pauvre comte, » il faut avouer que la sagesse du Tout-Puissant » met les chétifs mortels à de bien rudes épreu- » ves! » Lorsque je lui eus narré l'indifférence avec laquelle mon ours avait pris place à côté de moi, elle partit d'un éclat de rire, en tâchant de me prouver que les caresses d'un pareil ami pouvaient m'étouffer.

— « Avant d'en subir l'effort, repris-je, » vous y aviez amplement pourvu par une paire » de boîtes à mouches tout propres à réprimer » sa pétulante audace; et, pour prix d'une gé- » nérosité que la prévoyance animait, j'aurais

» mis à vos pieds sa noire dépouille, dont peut-
» être le seul aspect eût affaibli le fruit de ma
» galanterie. »

Dans l'exercice de ses bontés, madame de Varimont n'oublia rien qui pût entrer dans mon contentement. Elle me pria de ne point distinguer sa maison de la mienne. Je reçus ses politesses avec un épanchement de cœur capable d'en augmenter le prix. Je revis au salon les personnes qu'elle avait coutume de recevoir, et que la terreur ne retenait plus au fond de leur solitude. Le baron de Rochetendre et madame Solvarès, Dorinville et Merval, avec deux ou trois autres personnes dont le nom m'échappe, entonnèrent les louanges du courageux député qui le premier attaqua en face notre commun tyran. Tallien, disions-nous, s'est dévoué. Sans son audace, l'impitoyable faux de Robespierre aurait encore moissonné une foule d'êtres respectés, qui élèvent chaque jour au ciel des mains pures de toute iniquité. Puisse le trépas d'un si grand scélérat instruire tous les ambitieux de l'univers, et leur montrer que celui qui marche au pouvoir suprême par la route de la terreur n'a que des malédictions à recueillir avec l'exécration de la postérité.

Je demeurai trois jours encore chez la comtesse. Angélica m'y fit tenir une lettre contenant les principaux événemens du jour. Elle me pressait de revenir à Paris. Je n'avais pas besoin de cet aiguillon pour m'y rendre. Elle m'apprenait aussi que M. de Lançay s'occupait de la révision de mon procès, dont un vice de forme entraînait la nullité devant un tribunal ordinaire. La confiscation de mes biens devait infailliblement s'évanouir sous le poids de cette révision.

Après de nouvelles protestations du plus sincère attachement, exprimées à madame de Varimont avec tous les élans d'une sensibilité profonde, que mes pleurs confirmaient, je partis d'Aurillac par le chemin de Bort; et, prenant celui de Clermont, je le suivis moins rapidement que ne l'exigeait mon impatience.

FIN DU LIVRE TROISIÈME.

Livre Quatrième.

Salut, ô jour fortuné qui me ramène à Paris! C'est à la clarté du soleil que j'y paraîs. Mon front, courbé naguère vers la terre, maintenant dégagé des mortelles anxiétés qui l'assiégeaient de toutes parts, s'élève aux astres, tout radieux de joie, de bonheur, d'espérance. Je la vois, ma douce Angélica, je la presse vivement dans mes bras. « Dieu! que tu es pâle, cher enfant!

— Hélas! papa, la rose, sans soleil et sans eau, conserve-t-elle son éclat et sa fraîcheur?

— Je te comprends ma fille, et tu ne m'en serais que plus chère, si ma tendresse pouvait encore s'accroître. Va, consolons-nous; le temps des afflictions a passé lourdement sur nos têtes; il fait place au zéphyr caressant qui répand la fraîcheur sur un jour d'été brûlant. Que ton cœur se rassure; le mien ne saignera plus de tes chagrins, s'il faut les rapporter à mon absence. Comme une garde fidèle qui veille au dépôt de la confiance, je t'envelopperai de toute ma sollicitude.

— Mais pourquoi m'avoir délaissée brusquement et sans le moindre avis? Je serais partie avec vous, mon bras vous eût aidé; je serais allée, j'aurais couru, j'aurais volé au-devant du péril afin de vous en préserver. Nous eussions marché toujours ensemble, tâchant l'un et l'autre d'éloigner la tristesse qui alonge les chemins.

— Ma fille, la nature à ton âge donne peu d'expérience. Le jour de mon départ, observant dans Paris plusieurs espions sur mes traces, il me parut clair qu'on voulait attenter à ma liberté. J'avais reçu dans la matinée différens avis qui s'accordaient avec les précautions dont le moment critique m'obligeait d'user. C'eût été me livrer visiblement à mes ennemis que de rentrer chez moi. Trouvant le moyen de donner le change aux coureurs qui m'obsédaient de leurs odieux regards, j'allai par divers détours au domicile de Lançay. Je lui fis part de mon projet, qu'il ne sut qu'approuver.

» En te recommandant aux soins de sa chère femme, lorsque ma sœur à son arrivée pouvait y joindre la tendresse d'une tante, devais-je bien appréhender que le malheur t'atteignît en mon absence? Au lieu qu'en suivant mes pas voués à l'infortune, dont la mort était la fin, tu m'exposais plus sûrement, en voulant me sauver, à l'échafaud que, seul et déguisé, il m'était sans doute moins difficile d'éviter. »

Alors, suivant le cours de ces idées, je lui

mis sous les yeux les détails de mon voyage, qui plusieurs fois lui causèrent des frémissemens de surprise et d'effroi, dont l'effet progressif ajoutait encore à sa pâleur. Madame de Limeuille entra dans cet instant. Nous fîmes un échange de caresses, témoignage de l'amitié qui tirait toute sa force des liens du sang.

J'avais un si grand poids d'obligations à soulager, que, dès le lendemain de mon arrivée, j'allai le déposer dans le sein de M. de Lançay. Avec quelle cordialité il m'accueillit! Comme sa vertueuse épouse et lui s'attendrirent aux perplexités dont je fus la proie! O céleste amitié, que ton langage a de puissance et d'harmonie! La mémoire de mes persécutions s'effaçait devant eux comme un songe funeste qui précède le réveil du matin. Madame de Pirol étant absente, mes vœux la rappelèrent pour acquitter envers elle la dette d'une reconnaissance égale au bienfait. Quant à d'autres amis, Dieu! vous savez ce qu'ils devinrent! Emportés par le torrent des crimes, ils ont touché le rivage de l'éternité....

Mon procès fut revu ; avec la liberté je conservai mes biens. Une apparence d'ordre donnait l'espoir de voir éteindre les feux de l'anarchie dans l'union des honnêtes gens. On pouvait se regarder sans risque, et se livrer aux épanchemens de la confiance. La paix de l'âme succédait à cette foule d'émotions dont le choc brisait les ressorts de la vie. Enfin le soleil levant allait verser des flots de sécurité sur l'innocence et la faiblesse en larmes : au moins je me plaisais à caresser une idée si consolante.

Merval vint à Paris ; il avait laissé à Lyon son ami Dorinville. Sa présence me réjouit. Enfermés tous deux dans un orage, nous en sortions comme des débris. Il était naturel que le plaisir nous retrouvât sur la planche de salut. Je lui demandai s'il avait continué son histoire du cordelier Rocard. « Non, me dit-il, j'en ai jeté les cahiers au feu, au moment où je renvoyais mon héros au couvent.

Il y avait une scène que j'affectionnais assez.

— Pouvez-vous la reproduire?

— Oui, autant que ma mémoire aidera ma volonté.

— Je vous écoute.

— « Rocard, dans un voyage en Normandie, logeait à Rouen dans une auberge du faubourg Cauchoise, avec des gens de diverses professions. Au souper, entre la poire et le fromage, un homme l'entretient de son commerce, et lui vante comme une action très-profitable un gain illicite sur un confrère adroit qui lui avait vendu vingt porcs. Tout le monde, hors le frère et le marchand, avait quitté la table afin de se livrer au sommeil que les fatigues du jour rendaient presque invincible.

» Le moine, qui se plaisait aux questions, était ravi qu'un convive en pointe de vin laissât mouvoir une langue fertile en indiscrétions, dont la source pouvait l'éclairer sur ses projets. Ils se regardaient tous deux avec un air d'amitié, le marchand plein d'épanchement, le cordelier cachant la ruse sous l'abandon.

— « Vous dites donc, ajouta celui-ci, que les affaires vont bien.

— Pas mal. J'ai livré aujourd'hui de la marchandise qui me vaut au moins un bénéfice de cinquante pour cent. J'ai attrapé Pierrot Balard qui se croit un finet, et j'en ris de bon cœur, parce qu'il n'a pas vu que mes bêtes allaient avoir la maladie.

— Mais, il y a conscience, marchand, à se jouer ainsi de la probité.

— Bah! oui, de la probité. Pensez-vous que si Pierrot eût eu la balle en main, il ne m'aurait pas empaumé? vous ne le connaissez guère.

— Dites-moi, honnête marchand, vous avez un visage remarquable qui annonce les traces du feu; auriez-vous eu le malheur d'y tomber?

— Oui et non. C'est en effet un coup de feu, mais sans chute. Vous me rappelez-là une fameuse peur et de grandes douleurs.

— Comment?

— Il y a cinq ans...; n'y en a-t-il pas six?... Non, il n'y en aura que cinq demain, jour de saint Boniface, qu'un grand brigand, venu dans le village, de votre taille, encore plus fort que vous, avec une paire d'yeux, oh, quels yeux! Si vous l'aviez vu comme je vous vois, vous en auriez eu. . . . . »

A ces mots, le marchand pâlit.

— Qu'avez-vous, honnête marchand?

— Rien, mais il me semble,... plus je vous regarde,... plus vous lui ressemblez...

— Continuez.

— Ce grand coquin, donc, était chez la mère Marinette, auprès du cimetière... Attendez que je prenne un verre de vin, car chaque fois que j'ai l'esprit sur cette chaude affaire, oh! qu'elle fut chaude! je suis toujours prêt à me trouver mal.

— Buvez un coup, très-honnête marchand.

— Nous voulions l'arrêter pour en faire justice, et l'accrocher au gros poirier de l'église. Nous étions au moins vingt, bien capables de finir cette louable entreprise. Hé bien, le croiriez-vous? C'est aussi vrai que je tiens ce verre de vin, le scélérat ne voulait pas mourir.

— Je n'ai pas de peine à vous croire, honnête marchand.

— Par malheur, la mère Marinette avait de l'eau bouillante sur le feu.

— Ah! m'y voilà.

— Mais, non, vous n'y êtes pas; attendez donc. Comme vous êtes pressé! Ce grand brigand saute sur la marmite, et, d'un seul tour de main, me couvre d'un déluge de feu, m'estropie, aveugle trois de mes camarades pour la vie, rompt les os à Cadet Morin, à Jean Pénel, et au fils de Gertrude. Deux autres sont étendus tout raides dans le cimetière; et, mon cher, si je n'y suis pas, moi qui vous parle, ce n'est pas la faute du monstre, car le drôle y allait de bon cœur. Tudieu, quel tranchemontagne!

— Ah! m'y voilà, te dis-je. C'est donc toi, maître assassin, qui voulais orner le gros poirier de ma personne! Tu vas me laisser tes oreilles pour souvenir de ton merveilleux projet.

» Le regard courroucé du moine, qui relevait cette menace, pétrifiant le Picard, ce dernier tombe à genoux, et crie d'une voix lamentable, *Grâce, grâce, miséricorde, grâce!* Le cordelier prend un couteau, lorsque la porte, ouverte au bruit par la servante, facilita la retraite du marchand, qu'on ne revit plus dans l'auberge tant qu'y séjourna l'intrépide franciscain. »

— « A présent, dis-je à Merval, pourriez-vous me faire connaître l'origine de la jeune fille qui le sauva si à propos de la potence; et d'où lui venait ce courage supérieur à son sexe dans un âge si tendre?

— Enfant naturel du cordelier, elle vint au monde avant qu'il se fît moine.

— Pourquoi n'avez-vous point poussé plus loin ses aventures? Il y avait matière à les colorer d'un vif intérêt.

— Madame de Varimont m'a d'abord censuré trop vertement; sa critique, en y songeant, a dû m'ouvrir les yeux sur le fondement de ses reproches; les flammes ont dévoré tous mes défauts.

— En serait-il de même de la Nouvelle de Dorinville, ou plutôt de ce qui doit en former la suite?

— Non, Dorinville garde sa pièce en portefeuille, et ne songe guère à tirer de son cerveau la peinture des mœurs d'un peuple inconnu.

— C'est dommage, le sujet pouvait recevoir autant d'agrément que de variété.

— Je n'en fais aucun doute.

— L'imagination du peintre, fixée dans les bornes du vraisemblable, nous aurait donné tous les fruits de la raison, avec l'enjoûment qui divertit l'esprit.

— Je me souviens seulement qu'un jour, nous promenant ensemble sur les bords du Rhône, il me dit que son héros, dans la narration qu'il se proposait de mettre au jour, fait remonter à soixante-dix siècles les premiers habitans d'Ayouti. Selon son opinion, un vaste continent de mille lieues, joignant trois grands pays, fut englouti par l'un de ces prodigieux cataclysmes qui changent inopinément la face du globe. Il s'imagine que ce continent devait être la célèbre Atlantide, dont les premiers prêtres grecs ont reçu la tradition. Cette île touchait à l'Europe, l'Afrique et l'Amérique. Les petites îles des Eperviers, qu'on appelle aujourd'hui *les Açores,* en faisaient partie, et l'on voit encore flotter, sur leurs bords, des herbes et des plantes exactement pareilles à celles de l'intérieur ; ce qui rend assez témoignage qu'elles viennent des terres abîmées sous les eaux.

Il ajoute que plusieurs milliers d'hommes, dans cet horrible désastre, eurent le pouvoir d'échapper au naufrage en s'abandonnant dans leurs vaisseaux au gré des vents qui les dispersèrent, mais que plusieurs familles abordèrent à la petite terre qu'il nomme *Ayouti.*

Il lui donne treize lieues de circonférence et sept de largeur. La capitale porte le nom de l'île. Trois petites villes, onze villages, et quelques centaines de lits posés sur les arbres, comme des nids d'oiseau, en forment toute la population, qui s'élève à sept mille âmes.

Le gouvernement de l'île se compose d'un chef héréditaire que l'on nomme *le Premier,* de vingt vieillards, exerçant une partie de la puissance publique, et de cinquante notables au-dessus de trente-cinq ans, appelés à la confection des lois.

Le peuple est heureux, en ce qu'il croit l'être, et que tout le bonheur est renfermé dans cette pensée.

Comme je provoquais un développement qui m'allait ouvrir la connaissance des mœurs et de la religion dans cette contrée, Dorinville m'arrêta tout court en me disant qu'ici devaient se poser les limites de ma curiosité. »

Je profitai moi-même de la leçon. Après d'autres propos roulant sur des matières insignifiantes, Merval prenant occasion de quelques affaires urgentes, sortit pour s'y livrer. Je me recueillis aussi pour mettre un peu d'ordre dans les miennes.

L'aurore de la tranquillité, promettant les bienfaits d'un gouvernement nouveau, ramena dans la capitale madame de Varimont, madame Solvarès et le baron de Rochetendre. Je fus ravi d'une réunion qui devait être une source d'agrémens pour ma famille et nos amis. Mademoiselle de Saintebiche, cousine de Rochetendre, vint d'Orléans pour habiter avec lui. C'était une personne de vingt-trois ans, légère, malicieuse, peu sensible, médiocrement pourvue de mérite, soufflant dans la conversation quelques étincelles d'esprit, afin de réparer les erreurs de beauté dont la nature capricieuse en ses écarts s'était plue à l'affliger. Petits yeux, sourcils blonds, presque droits, la bouche fendue au-delà d'une mesure commune, lèvres très-fraîches, mais dont l'épaisseur rend cet avantage trop visible, un front bas, le nez bourbonnien, et le menton saillant fort en pointe. Ajoutez à ces traits d'un crayon trop fidèle une peau d'ocre sans vie, mouchetée de petits points noirs, vous aurez l'idée de ses attraits comme s'ils passaient en ce moment sous vos yeux.

Rochetendre avait un fils heureusement né, d'une taille avantageuse, doué de cette physionomie douce qui appelle à soi l'intérêt des âmes sensibles, qui promet un caractère excellent, et tient tout ce qu'elle annonce. Pour son malheur, Saintebiche se crut appelée par l'amour à porter l'éveil des tempêtes au fond du cœur du jeune Rochetendre, dont les passions sommeillaient encore depuis l'enfance; on le nommait Édouard.

Son père me le présenta. Je leur fis un accueil cordial, digne du motif qui les amenait, et bien propre à renouveler leur visite. Angélica, dans son ingénuité, sembla frappée de la bonne mine, de l'air d'aisance d'Édouard. Elle m'en parla, quand il fut sorti, comme d'un jeune homme qui joignait à l'usage du monde une politesse exquise, et dont tous les sentimens d'une âme élevée reposaient sur ses lèvres. Je fis d'abord peu d'attention à cette remarque, qui tirait sa force d'une vérité que je me plaisais à reconnaître; mais lorsque diverses observations m'eurent appris qu'Édouard exerçait un pouvoir involontaire sur les pures affections de mon Angélica, je craignis que ce penchant ne formât un de ces orages qui, semant le désastre sur les lieux où ils promènent l'effroi, n'y laissent que des ruisseaux de larmes pour compenser leurs ravages.

Ma crainte était fondée. Angélica ne vit pas cinq fois Édouard sans ressentir ce vif aiguillon qui nous a tous atteints dans la fleur de nos beaux ans. Elle devint triste, silencieuse, pleine d'une mélancolie, d'où sortaient des accens de malaise et des soupirs. Affectant quelquefois devant moi des saillies de gaîté que provoquaient mes caresses, son œil humide, touchant, abattu, trahissait le faible ressort d'une âme énervée par la langueur. Je la surprenais souvent un livre à la main, interrompant sa lecture, allant au miroir, revenant au livre, retournant à la glace, y retrouvant l'expression de l'inquiétude, qui chaque jour effaçait son brillant coloris. Cet affaissement lui ôta l'appétit; les mets n'arrivaient plus à son palais qu'à travers des marques d'oppression; le potage lui donnait des vapeurs, chaque morceau lui coûtait un soupir; elle quittait la table avant le dessert pour se rendre au jardin ou dans sa chambre, essayant de tirer de son aiguille les distractions qu'elle s'efforçait vainement de puiser ailleurs. Je pénétrai son mal sans lui découvrir que son secret m'était connu. Mais, qui pouvait le causer?

Édouard souffrait aussi. La rougeur subite

qui enflammait ses joues devant Angélica, sa voix tremblante, altérée, en lui adressant la parole; ses fréquentes hésitations, nées de la crainte de lui déplaire par le tour qu'il donnait à ses phrases, où l'on démêlait le désir d'y porter l'élégance; le mouvement de ses paupières alternativement dirigées à terre et sur ma fille avec un air de tristesse communicative; sa contenance, où la réserve et l'abandon se disputaient l'empire, ce concours de signes me révelait assez le pouvoir des sentimens qui maîtrisaient Édouard.

Le baron, soit qu'il fût moins clairvoyant que moi, soit qu'il eût moins d'intérêt à l'être, ne parut point s'occuper des dispositions de son fils. Enveloppé dans le tourbillon des sociétés, où il avait coutume de passer les deux tiers du jour employés aux nouvelles qu'il écumait avec assez d'adresse pour les reporter vivement et sous une forme plus piquante aux oreilles avides de médisance, Rochetendre négligeait les affaires domestiques, et laissait à Édouard le soin de gouverner sa raison par les règles établies dans le monde. Heureusement que le naturel et les lumières de ce jeune homme s'unissaient pour le préserver des vices contagieux que l'exemple y fait couler à pleins bords.

Mademoiselle de Saintebiche, assez éclairée dejà pour connaître la marche du cœur humain, forma l'entreprise de soumettre celui d'Édouard. En sondant ses dispositions qui lui semblèrent d'accord avec la passion qu'elle lui souhaitait, son esprit ne fit point difficulté de croire qu'elle pouvait régner sur un cœur vierge que l'amour tenait en ses mains. Rude erreur! Le premier essai qu'elle fit de sa puissance ne fut pas heureux; Édouard reçut ses avances avec une politesse mêlée de froideur, capable d'enfanter le dépit. Loin de se rebuter, elle employa les tendres agaceries qui jettent d'ordinaire l'émotion dans l'âme. Composant les traits de son visage, elle invoque tout l'art de la coquetterie pour remuer, ébranler, pour fondre ce bronze où vont s'émousser tout les traits qu'elle y dirige. C'est en vain : Édouard résiste aux séductions qui ne viennent point d'Angélica.

Saintebiche, furieuse de voir le mépris s'attacher à ses démarches, que le triomphe devait ennoblir, chercha l'objet qui pouvait les faire échouer. Si l'œil de l'envie est pénétrant, celui de la jalousie demeure constamment ouvert. La rivale de Saintebiche ne fut pas long-temps ignorée. Que de tourmens Angélica n'endura-t-elle point à mon insu! Règles de bienséance violées, faussetés, tromperies, mensonges, dédains, traits de perfidie ouverte, mouvemens d'impatience et de colère, tout fut mis en usage afin de semer le trouble dans les innocentes affections d'Angélica.

Il y avait six mois qu'Édouard et ma fille contenaient leur secret, lorsqu'il fut enfin dévoilé au baron par son fils. Rochetendre, sur les prières d'Édouard, m'en fit l'ouverture. Il ne balança point à me proposer l'union qui devait couronner la flamme des deux amans. Les avantages étant réciproques, je prêtai dans toute la vivacité d'un cœur joyeux mon consentement au bonheur de ma fille, dont le fondement paraissait dans son amour, sa jeunesse et ses grâces.

Nous joignîmes leurs mains en présence de M. de Lançay, de madame de Varimont, de madame Solvarès, et du chevalier de Blainville qui accourut à Paris tout exprès pour la cérémonie. Heureux pères, heureux amans, heureux époux!... Malheureuse Saintebiche! Elle quitta brusquement son cousin pour retourner, la rage dans le cœur, à Orléans.

Le Saturne de la révolution ne dévorait plus ses enfans, mais il continuait de les maltraiter sous un nouvel empire. Cinq directeurs, comme on sait, en tenaient les rênes. J'en connaissais deux, Barras, auquel j'avais rendu plusieurs services à son retour d'Amérique, après la guerre de l'indépendance, et La Reveillère-Lépaux, dont le père avait une petite terre voisine de la mienne.

J'allai voir La Reveillère au Luxembourg. Sa gibbosité ne l'empêcha point de me recevoir avec une civilité grave. Il tenait des papiers qu'il s'empressa de poser sur une table. Comme il savait l'histoire de mes persécutions, il me fit entendre que je devais rendre grâce à Dieu de nous avoir délivrés de l'ouragan politique, pour nous placer sous un régime protecteur, où la liberté allait déployer tous ses avantages. « Vous connaissez, me dit-il, le culte que je viens d'établir sous le nom de *théophilantropie* *.

— On m'en a parlé.

— Il est vraiment impossible qu'un peuple puisse se conserver long-temps sans religion. Celle du Christ a vieilli comme toutes les choses de ce monde. On a tout renversé depuis peu, mais on n'a rien construit autour des décombres. Le fanatisme avec son enfer, ses torches et ses bûchers, ne pouvait plus régner que sur des barbares. L'irréligion ne reconnaît que l'athéisme qui pousse les crimes au néant; comment l'admettre avec la mort de toute espérance? J'ai donc eu l'idée de rapprocher deux termes séparés par une éternelle contradiction, en basant mon nouveau culte sur l'existence de

* Expression composée de trois mots grecs, qui signifie secte religieuse où l'on fait profession d'*aimer Dieu et l'humanité*. (*Note de l'éditeur.*)

Dieu, les droits de la raison, et les devoirs de l'homme social. Mes prêtres sont des lévites, revêtus d'une robe blanche, portant une écharpe tricolore autour des reins. Ils lisent au peuple des traits de morale universelle : mon évangile n'a point de miracles. »

En cet instant on annonça Barras, sous le costume de François Ier. Il me salua légèrement en souriant. La Reveillère lui dit qu'il m'entretenait des *théophilantropes*. « Ah ! reprit Barras, je te le répète, mon cher, point de succès avant de te faire pendre ; toutes les religions ne réussissent que par des martyrs ; n'est-il pas vrai, Montblas ? » Je portai la tête en avant avec un léger mouvement du cou, qui n'était qu'un demi-signe d'approbation. La Reveillère goûta peu cet avis, si j'en dois juger par l'ouverture de sa bouche et l'expression de ses traits, dont l'ensemble me parut former une grimace.

Le conseil allait s'assembler, je me retirai. Le canon que j'entendis à la grille en sortant aurait pu m'inquiéter, si je n'avais vu le contentement rayonner sur le visage des directeurs, et si je n'eusse appris qu'on devait célébrer le lendemain au Champ-de-Mars une fête républicaine; spectacle fort commun dans ce temps-là, où le directoire se montrait au milieu de l'enceinte, environné d'un épais nuage de poudre à canon, qui composait l'encens adressé par les manœuvres de la guerre aux cinq divinités du jour.

Angélica vivait heureuse avec Édouard. Rochetendre et moi partagions leur félicité. Nous goûtions les charmes d'une vie pure et paisible, exempte de soins et d'inquiétudes. Nos amis communs se ressentaient de la douce allégresse dont ils voyaient sur nos fronts briller l'image. Ils avaient à se glorifier d'un sentiment de bienveillance qui dilate le cœur, et nous lie étroitement aux intérêts de ceux que nous aimons.

Édouard, tout rempli des soins délicats qui vont environner les attraits d'une épouse adorée, volait au-devant de ses désirs. Il les trouvait dans ses yeux, et n'attendait pas que sa bouche les exprimât pour les combler. Vivement pénétrée d'une attention qui, loin de se relâcher, se fortifiait par le temps, Angélica lui rendait en mouvemens de tendresse d'une âme vertueuse les élans passionnés que la nature dispense au bonheur conjugal, mais qui sont le dernier degré où sa main trop avare fait monter les mortels.

Mes malheurs et la conduite odieuse de mademoiselle Saintebiche avaient porté une atteinte sensible à la santé de ma fille. Néanmoins son mariage, ayant dissipé les erreurs d'un sort malencontreux et ruiné les espérances d'une rivale en qui l'outrage suivait la perfidie, venait de réparer ce désordre de tempérament où le jeune âge est trop souvent en proie, quand il n'a pas encore subi les conditions d'une complète existence.

Un jour, Édouard vint m'avertir que sa femme, l'âme de sa vie, était malade, souffrante, affligée; qu'elle avait des maux de tête, des spasmes, quelques défaillances. Il paraissait plongé dans la désolation. Je m'efforçai de le rassurer, attribuant naturellement ces malaises à des symptômes de grossesse, que les premiers mois feraient disparaître. Il prit confiance en mon espoir, et sa douleur s'éteignit dans un air ouvert.

Cependant ma chère Angélica maigrissait; son beau visage perdait visiblement son éclat; les roses de ses joues s'effeuillaient à chaque réveil; son œil conservait encore quelques étincelles brillantes d'une vie trompeuse; mais toute la physionomie révélait un abattement profond, dont la cause agit sourdement sur une poitrine altérée dans ses ressorts. Cette affreuse découverte fit cent plaies à mon cœur. Toutefois j'acquis assez d'empire sur moi-même pour la dérober quelque temps au fils du baron. Vaine précaution! le jeune Rochetendre fut trop tôt éclairé sur l'état dangereux de son adorable compagne qui ne pouvait plus dérober sa tête aux arrêts du ciel.

Hélas! il fallut bien s'attendre à cet horrible dénouement. Tous les secours de l'art furent impuissans. Les remèdes, l'air pur de la campagne, celui qui entoure les animaux qui nous donnent leur lait; la variété des climats, tous les changemens qu'invente la médecine afin d'adoucir les douleurs, tout échoua contre la volonté d'une nature de bronze, impitoyable aux cris d'un époux trop chéri, aux gémissemens d'un père qui réclame dans les larmes l'existence d'une fille unique.

Angélica, dans les souffrances, ne méconnaissait plus son état. Elle souriait quand nous lui versions à pleines mains des semences d'espoir. « Ah! cher Édouard! ah! mon père! disait-elle souvent, ne cherchez point à me tromper; mon mal est là, montrant sa poitrine, je le sens, il me presse; je vais bientôt vous quitter. Que voulez-vous? je rejoindrai ma tendre mère. Nous vous attendrons. Le ciel l'exige ainsi. »

Édouard, qui n'avait pu supporter l'effet d'un discours semblable sans trahir la douleur amère dont son âme était navrée, venait de s'éloigner au fond du jardin. Je lisais une lettre que le baron avait reçue d'Orléans, où Saintebiche, mariée depuis peu, le prévenait que, l'enfer ayant pris possession de son ménage, il ne lui restait plus que le choix d'une prompte séparation, ou des eaux de la Loire pour y ensevelir à jamais son imprudence.

« Ah! l'infortunée, s'écria tout à coup la sensible Angélica, que je la plains ! dites-lui bien que je lui pardonne les tracasseries nombreuses dont son amour trompé m'a rendue victime..... Dites-lui que je l'aurais aimée comme une sœur, si..... »

La force lui manqua pour achever. Je vis la pâleur couvrir son front, et un voile humide s'étendre sur ses yeux. Je la pris soudain dans mes bras; elle s'assit tranquillement sur mes genoux. Elle sourit encore une fois en me disant adieu. Sa bouche s'entr'ouvrit; un dernier soupir s'en exhala, et sa poitrine demeura fixée sur mon cœur, telle qu'un beau lys penché sur sa tige..... Et je vis encore !.....

FIN DU QUATRIÈME ET DERNIER LIVRE.

ANNONCE.

CONFESSIONS DE J. S. QUESNÉ

DEPUIS 1778 JUSQU'A 1826.

DEUX VOLUMES IN-8° AVEC PORTRAIT.

PRIX : 15 FR.

Dans l'une des feuilles qui ont rendu un compte avantageux de cet ouvrage, on lit une remarque judicieuse du célèbre Nicole, tirée des *Essais de morale* :

« C'est une illusion, dit un écrivain, qui a sa source dans la vanité » des hommes, de ne considérer ce qui se passe parmi eux, que par » la qualité des personnes qui y ont part, ou par l'importance des » objets dont il s'agit. A peine croyons-nous que d'autres que des » princes méritent qu'on s'applique à considérer leurs actions, et » notre curiosité n'est pas satisfaite, si elle n'a pour objet des intri- » gues de cour ou des affaires d'ÉTAT. Il semble néanmoins que si » c'était par raison que l'on s'arrêtât à considérer les différens qui » arrivent parmi les hommes, on trouverait partout de quoi s'instruire » des choses les plus essentielles : je dirai même que *les actions des* » PETITS *sont en quelque sorte plus favorables pour cette instruction* » *que celles des* GRANDS ; car il y a toujours je ne sais quoi de trom- » peur dans ce qui est lié à la PUISSANCE. »

La même feuille continue :

»Nous y avons gagné une foule d'anecdotes intéressantes qu'il sera difficile de trouver ailleurs. Avantageusement placé pendant toute sa carrière administrative pour voir défiler, pour ainsi dire, devant lui les principaux personnages de la révolution, de l'empire et de la monarchie ; doué d'un grand talent d'observation et d'une mémoire très-fidèle, l'auteur s'est livré avec entraînement, avec amour, au besoin de retracer toutes ses impressions. Son ouvrage, qui embrasse une période d'un demi-siècle, se divise en dix livres, contenant un millier de noms, la plupart célèbres, ou pris dans les hauts rangs de la société. Les assertions qu'il renferme sont toutes vraies. L'auteur s'est imposé avec scrupule l'obligation de ne dire que ce qu'il sait.

» Il serait difficile d'analyser un livre où les faits se pressent avec » abondance. Citer est ici la seule chose possible, etc... »

Une autre feuille s'exprime de la sorte :

» M. Quesné est un homme de lettres estimable, qui a beaucoup vu et beaucoup retenu. Employé supérieur aux droits-réunis, il donne des idées justes sur le personnel de cette administration, raconte des faits peu connus, des anecdotes curieuses, et se fait lire avec intérêt. Ses propres aventures se mêlent à celles des autres ; car il est reçu qu'en se confessant, il faut aussi confesser son prochain ; ce qui est en général plus amusant pour le public que pour le prochain.

» M. Quesné est un homme de bien qui a fait plusieurs ouvrages *, dont quelques-uns ont obtenu un succès honorable. Il y a quelquefois un peu de malice au bout de sa plume, mais jamais de fiel. On voit qu'il a de la gaîté dans l'esprit et de la bonhomie dans e caractère. C'est un agréable conteur, qui réussit surtout dans le portrait et la description. Il y a, d'ailleurs, un fonds de morale excellent dans son livre ; il prouve qu'avec de l'honnêteté, de la modération et un goût particulier pour les études littéraires, on peut être plus heureux que dans le sein des honneurs et de l'opulence.

» Quelques personnes ont regardé comme un acte présompteux le projet de M. Quesné. On a dit qu'il voulait imiter J.-J. Rousseau ;

* Trente-trois imprimés.

qu'il n'appartenait qu'aux grandes réputations de se placer ainsi sous les yeux du public, et que M. Quesné n'était ni un J.-J. Rousseau, ni un saint Augustin. Il y a trop de sévérité dans ce jugement. M. Quesné n'a point de si hautes prétentions; il a cru qu'un honnête homme valait la peine d'être connu; que ce n'était pas un phénomène si commun par le temps qui court. Enfin, ce qui tranche la question, M. Quesné s'est confessé, et ses lecteurs lui ont donné l'absolution. »

(*Constitutionnel* du 2 janvier 1829.)

» Un ouvrage piquant, sous le titre de *Confessions*, a été publié par M. J. S. Quesné. Il a déjà produit quelque sensation, et le public, quoique oublieux, paraît accorder une attention soutenue à ces confessions. Ce fait atteste que l'on y trouve des peintures de mœurs et des traits aussi variés qu'intéressans. »

(*Débats* du 2 août 1829.)

Trois journaux ont trouvé singulier le prénom de *Salbigoton* donné à l'auteur de ces confessions. Cependant ce mot n'est pas nouveau, puisqu'on lit dans l'*Histoire de la maison de Montmorency*, par Désormeaux, que Guy-Louis-Charles, marquis de Laval-Montmorency, devint l'époux d'Adélaide-Louise-*Salbigothon* d'Épinay, vers le commencement du dernier siècle. On voit que ce prénom de bonne maison est également applicable aux deux sexes. Il ne s'y rencontre que la différence d'un *h* omis par le curé de Pavilly sur l'extrait de naissance de l'auteur, où trois autres irrégularités plus graves se font remarquer.

Si l'on était curieux de savoir d'où vient ce prénom, il serait possible de répondre avec vraisemblance qu'il est composé de quatre mots latins, mis au bas d'un tableau représentant la bataille de Bouvines, gagnée par Philippe-Auguste, le jour de Saint-Jacques, 25 juillet 1214. L'empereur d'Allemagne, Othon IV, y fut trois fois démonté. Saisi par un chevalier français et délivré par les siens, il prit un des premiers la fuite. Mathieu II de Montmorency fit des prodiges de valeur dans cette journée, s'empara de douze étendards, ou aigles impériales; service immense reconnu par le roi qui lui ordonna d'augmenter son écusson de douze alérions.

Dans le tableau conservé par la maison de Montmorency, l'on voyait fuir Othon. Au bas, on lisait : *Salvus bis Goth Othon* « Le Goth Othon s'est sauvé deux fois », et par abréviation, *Sal bi go thon.*

www.ingramcontent.com/pod-product-compliance
Ingram Content Group UK Ltd.
Pitfield, Milton Keynes, MK11 3LW, UK
UKHW022111260726
13993UKWH00001B/445

9 782329 104218